La relación cuerpo-mente

Pasado, presente y futuro
de la psicoterapia corporal

Fernando Ortiz Lachica

EL LIBRO MUERE CUANDO LO FOTOCOPIAN

Amigo lector:

La obra que usted tiene en sus manos es muy valiosa, pues el autor vertió en ella conocimientos, experiencia y años de trabajo. El editor ha procurado dar una presentación digna a su contenido y pone su empeño y recursos para difundirla ampliamente, por medio de su red de comercialización.

Cuando usted fotocopia este libro, o adquiere una copia "pirata", el autor y el editor dejan de percibir lo que les permite recuperar la inversión que han realizado, y ello fomenta el desaliento de la creación de nuevas obras.

La reproducción no autorizada de obras protegidas por el derecho de autor, además de ser un delito, daña la creatividad y limita la difusión de la cultura.

Si usted necesita un ejemplar del libro y no le es posible conseguirlo, le rogamos hacérnoslo saber. No dude en comunicarse con nosotros.

EDITORIAL PAX MÉXICO

☙

COORDINACIÓN EDITORIAL: Matilde Schoenfeld
PORTADA: Álvaro Figueroa

© 1999 Editorial Pax México, Librería Carlos Cesarman S.A.
    Av. Cuauhtémoc 1430
    Col. Santa Cruz Atoyac
    México D.F. 03310
    Teléfono: 5605 7677
    Fax: 5605 7600
    Correo electrónico: editorialpax@editorialpax.com
    Página web: www.editorialpax.com

Primera reimpresión, 2005
ISBN 968-860-304-X
Reservados todos los derechos
Impreso en México / Printed in Mexico

Índice

Sobre el autor	vii
Prólogo	ix

Capítulo I. Pasado, presente y futuro
de la terapia psicocorporal 1
    Tipos de terapia psicocorporal 2
    Definiciones de terapia psicocorporal 7
    El problema de la imagen 9
    La terapia psicocorporal y el Movimiento
        del Potencial Humano 12
    Los orígenes de la terapia psicocorporal en México 14
    La búsqueda personal 17
    Panorama actual de la terapia psicocorporal 22
        Los grandes maestros *vs.* las escuelas 23
        Experiencias intesivas *vs.* trabajo cotidiano 23
    Atomización *vs.* cooperación 26
    Improvisación *vs.* profesionalización 26
    Anti intelectualización *vs.* reflexión 28

Capítulo II. Antecedentes psicoanalíticos
de la terapia psicocorporal 31
    Freud como terapeuta psicocorporal 32
    El psicoanálisis como forma de entender
        la relación cuerpo-mente 37

Georg Groddeck y Sandor Ferenczi: dos intentos
de incluir al cuerpo en la terapia psicoanalítica 42

Capítulo III. La caracterología de Reich y sus discípulos 55

Teoría psicoanalítica de la formación del carácter 56
Naturaleza y función del carácter según Reich 60
Tipos de carácter según Reich 67
Tipos de carácter según los discípulos de Reich 69
 Alexander Lowen y John Pierrakos 69
 Ellsworth Baker 74
Otras tipologías influidas por Reich 76
Limitaciones del modelo 77
 Limitaciones conceptuales 77
 La jerarquía de tipos 80
 El modelo de conflicto 82

Capítulo IV. Nuevos modelos psicocorporales 85

Otras interpretaciones de la caracterología de Lowen 87
 Consideraciones generales 87
 Ron Kurz y Héctor Prestera 89
 Robert Lewis 90
 Andrés Leites 91
 Stephen Johnson 91
Cartografía corporal 93
La tipología de Keleman y Painter 100
Escuelas europeas 103
 La Escuela Europea de Orgónterapia 103
 El modelo funcional del sí, de Luciano Rispoli 105

Capítulo V. El cambio en la terapia psicocorporal 109

Cambio y psicoterapia 109
Reich como terapeuta: del análisis del carácter
a la vegetoterapia 112
El movimiento y la postura 121
La respiración 134

El contacto físico   138
La descarga emocional   144
    La catarsis en la primera época del psicoanálisis   146
    Reich y la expresión de las emociones
        en psicoterapia   147
    La descarga emocional en el trabajo
        de los discípulos de Reich   148
    Terapia psicocorporal sin catarsis   152
    Conclusiones   153
Aspectos verbales y cognitivos de la terapia
    psicocorporal: los procesos de elaboración   157
    Comunicación y elaboración   157
    La comunicación verbal en la terapia
        psicocorporal   158
    La elaboración en la terapia psicocorporal   159

Bibliografía   *159*

Para mis hijos
Alex y Erik

Acerca del autor

Fernando Ortiz Lachica estudió licenciatura y maestría en Psicología en la Universidad Iberoamericana. Es profesor de la Universidad Autónoma Metropolitana, unidad Iztapalapa. Se ha especializado en diferentes métodos de Psicoterapia Funcional, creada en Italia por Luciano Rispoli y en el Método Hakomi, de Ron Kurtz. Desde 1986 ha formado psicoterapeutas impartiendo cursos en diferentes ciudades de México y el extranjero y dirigiendo programas de especialización. A partir de 1990 ha aplicado los principios de la psicoterapia corporal a la consultoría en manejo del estrés. Es autor de más de 50 artículos especializados y de divulgación. Es miembro del Comité científico internacional de Psicoterapia corporal.

Contacto: fernandoortiz@yahoo.com

Prólogo

> *En el conflicto entre el instinto y la moral, entre el ego y el mundo exterior, el organismo psíquico se ve obligado a acorazarse, a encapsularse, a hacerse "refractario" tanto contra el instinto como contra el mundo exterior. De este acorazamiento del organismo psíquico se deriva una limitación, más o menos acusada, del estado de disponibilidad para la vida y de la actividad vital. Hay que señalar que la mayor parte de los seres humanos están sometidos al peso de esta coraza; un muro se alza entre ellos y la vida. Éste es el motivo principal de la soledad de tantos hombres en el enjambre de la vida colectiva.*
>
> Wilhelm Reich

Es difícil encontrar un libro que dé cuenta tanto de las bondades como de los problemas de una profesión; asimismo, es aún más difícil hallar uno que resalte las semejanzas entre la multiplicidad de opciones, sobre todo tratándose de una que pertenece a una disciplina* con límites tan difusos, con tal diversidad de líneas de desarrollo y un reconocimiento tan polémico.

Podríamos estar hablando de muchas profesiones; sin embargo, este volumen se dedica a la psicoterapia corporal. Algunos se preguntarán: ¿es una nueva medicina?, ¿se trata de una especialidad de la psicología?, ¿es un trabajo conjunto entre la psicología y la fisioterapia?, ¿el psicoanálisis vuelve a sus orígenes muy cercanos con la fisiología?, ¿es una unión entre la psicología y la educación física?, ¿es una terapia alternativa?, ¿es sinónimo de sexología? Los lectores encontrarán respuesta a éstas y otras interrogantes porque el autor presenta un estudio sobre el desarrollo histórico de la disciplina, los antecedentes teórico y metodológico psicoanalíticos, la caracterología

---

* La llamo disciplina tentativa por su estructura teórica, su aparato metodológico y su práctica profesional.

reichiana, nuevos modelos terapéuticos psicocorporales y sus propuestas de cambio.

Existe una amplia gama de psicoterapias corporales. Aquí el autor menciona 71 posibilidades; sin embargo, ofrece un estudio organizado y sistemático gracias a que sigue un hilo conductor desde su origen hasta nuestros días: la relación cuerpo-mente. Wilhelm Reich, discípulo de Freud y fundador de esta disciplina, se enamora especialmente de aquella parte de la teoría psicoanalítica dedicada a las diferentes formas en que el individuo maneja sus impulsos. Freud explica cómo las diferentes etapas del desarrollo sexual determinan diferentes personalidades. Reich lleva estas hipótesis teóricas a una íntima relación con el cuerpo. La manera como nos defendemos de nuestros impulsos, reprimiéndolos, negándolos o adecuándolos (entre otras), habla de una manera de manejar la energía sexual, la cual se graba no sólo en nuestra historia psíquica sino también en nuestra geografía corporal. Así, ciertas defensas psíquicas son al mismo tiempo conductas, actitudes, movimientos y respuestas corporales. Biografía psíquica y orografía corporal refieren a una característica forma de ser individuo: carácter. Esta posición teórica implica, por supuesto, un quehacer en el proceso terapéutico. Además del análisis de las verbalizaciones del paciente, se trabaja con el cuerpo, lo que implica: respiración, movimiento y sus expresiones, suavizar o tensionar musculatura, masajes, etcétera.

Esta unidad psique-cuerpo que abandera Reich abre varias líneas de investigación a nivel teórico y práctico. También ha favorecido la relación con otras disciplinas como la medicina y otras áreas del saber como pueden ser la danza o el teatro; lo cual, por un lado, ha enriquecido esta posición y, por otro, también ha difuminado las fronteras con otras disciplinas, concepciones y tipos de prácticas.

Hay quienes enfatizan la unidad bio-psíquica-social y también quienes, peleados con el psicoanálisis, priorizan el trabajo con el cuerpo.

El autor menciona las dificultades que existen para dar un panorama general y cómo han comenzado a emerger asociaciones que buscan reglamentar y conjuntar esfuerzos, con el fin de dar mayor reconocimiento a esta profesión.

Fernando Ortiz Lachica se ha formado en psicoterapia corporal desde los inicios de los años 70, que coinciden con la llegada de esta tendencia a México. Desde entonces, ha tenido relación con diferentes personajes y grupos del extranjero y de la república mexicana; lo cual, además, fundamenta su estudio también desde su propia experiencia.

Es ésta una lectura obligada para todos los psicoterapeutas corporales, por la importancia que tiene una discusión conjunta, indispensable para todos los profesionales de la psicología, por la profundidad de sus análisis, y también accesible al público en general, por su claridad e interés.

Montserrat Bartomeu Ferrando[**]

[**] Estudió Filosofía y se dedicó mucho tiempo a la filosofía de la ciencia. Desde hace 12 años se dedica a la psicoterapia corporal y es integrante del Colegio Mexicano de Estudios Corporales.

I

Pasado, presente y futuro de la terapia psicocorporal

En este capítulo intentaré dar un panorama general de los orígenes, la situación actual y las perspectivas de las diversas formas de terapia psicocorporal en México[1]. En nuestro país, las diferentes escuelas y personas que forman terapeutas psicocorporales trabajan en forma independiente y los grupos de provincia tienen muy poca comunicación con los de la capital. El aislamiento solamente se rompe cuando se organizan talleres o cursos impartidos por terapeutas reconocidos internacionalmente que atraen profesionales de los diferentes grupos, y por las relaciones informales entre sus integrantes. Los planes de estudios para formación de profesionales varían en duración (de seis meses a tres años), horas de trabajo por año y, por supuesto, entre los mismos programas de estudio, si es que existen. Hay un evidente énfasis en la experiencia y en muchas ocasiones hasta descuido u omisión en la revisión de los autores fundamentales de esta corriente.

La práctica profesional de la terapia psicocorporal –y, en realidad, de la psicoterapia en general– no está regulada, de manera que cualquiera puede ostentarse como terapeuta, independientemente de que

---

[1] Este capítulo se basa, en parte, en dos trabajos míos: la editorial del número monográfico sobre terapia psicocorporal de la *Revista Intercontinental de Psicología y Educación*, Vol 5, Núm. 2, 1992, y "Pasado, presente y futuro de la Terapia psicocorporal en México", en: Oblitas L. (editor), *I Simposio de Terapia Psicocorporal y Desarrollo Humano*, Universidad Intercontinental, México, 1993.

tenga o no título profesional y haya recibido una formación adecuada dentro de alguna especialidad.

En otros países como Francia, por ejemplo, encontramos federaciones o sindicatos que agrupan a los profesionales y las escuelas; sin embargo, al mismo tiempo existe una intensa rivalidad entre las personas y las instituciones.

No existen publicaciones periódicas que sean conocidas por todos los profesionales del campo y hay, al menos, tres asociaciones internacionales: la Asociación Europea para la Psicoterapia Corporal (*European Association for Bodypsychotherapy*), que agrupa principalmente a los países del norte de Europa y se comunica en inglés, ha organizado desde 1987 seis congresos, el último de ellos en Viena en 1997. Por otro lado está el Comité Científico Internacional, fundado por el doctor Rafael Estrada Villa, que reúne a los hablantes de lenguas romances en Europa mediterránea y América. Este comité ha organizado cuatro congresos internacionales, tres de ellos en tierras americanas (México, 1987; Montreal, 1990 y Boston, 1996) y uno en Europa (Barcelona, 1993). Por último, la Asociación de Somatoterapia y Somatoanálisis, que incluye no sólo a psicoterapeutas, sino a otros profesionales de diversas disciplinas que trabajan con el enfoque cuerpomente, ha celebrado congresos en París (1987), Montevideo (1989), Estrasburgo (1991), Buenos Aires (1993) y San Francisco (1995).

Un número considerable de asociaciones locales y de terapeutas, sobre todo europeos, forman parte de dos o hasta de las tres asociaciones mencionadas y, aunque parece necesario unir esfuerzos, el protagonismo y otros intereses particulares lo hacen difícil.

Existen muchas razones que explican la dispersión de personas, escuelas y agrupaciones dedicadas a la terapia psicocorporal en México y otros países. A continuación trataré de dar una idea de la diversidad que existe dentro de este tipo de psicoterapia.

Tipos de terapia psicocorporal

En México, como en muchos otros países, hay una gran cantidad de modos de hacer psicoterapia. Tanto el consumidor que busca aliviar sus males, conocerse a sí mismo y desarrollar su potencial como el interesado en convertirse en psicoterapeuta profesional se encuentran ante a una gran cantidad de opciones entre las cuales está la terapia psicocorporal.

Si alguien pretendiera hacer un catálogo de las diferentes terapias psicocorporales se vería en un aprieto. Para empezar, muchas personas que practican alguna forma de trabajo que pretende influir tanto a lo psicológico como a lo corporal, ni siquiera consideran que su trabajo es una psicoterapia.

Muchas formas de trabajo psicocorporal se han inspirado en el trabajo de Wilhelm Reich. Él mismo se formó como psicoanalista en la década de 1920, y destacó, desde 1924, la importancia del análisis del carácter. En los años 30, en Escandinavia, se convenció de que al desbloquear el cuerpo liberaba energía que tenía que ver con el sistema nervioso vegetativo, por lo que llamó a su trabajo **Vegetoterapia caracteroanalítica** (Boadella, 1973, pp. 121-131). Finalmente, en Estados Unidos, llamó a su método Orgónterapia (Reich, 1949, p. 17) o, para distinguirla de la terapia física, Orgónterapia psiquiátrica (Sharaf, 1983, p. 312). Por supuesto, los cambios de nombre reflejaban cambios en su modo de trabajo y en su sustento teórico, pero no creo que los dos últimos hayan sido los más afortunados. En Europa, los discípulos de Reich siguen usando las dos últimas denominaciones, aunque algunos prefieren hablar de Terapia reichiana.

En Norteamérica, en cambio, Lowen (1958), quien fuera discípulo y paciente de Reich, llamó a su trabajo Bioenergética o, más propiamente, Análisis bioenergético. John Pierrakos (1987), al separarse de Lowen para hacer su propia escuela, le llamó *Core-energetics* (algo así como energética del núcleo o del corazón, en sentido figurado). El Radix, de Charles Kelly, es una variante del análisis bioenergético que parte de un modelo educativo, en lugar de clínico. Stanley Keleman (1987), que fue discípulo de Lowen, desarrolló su propia forma de trabajar: la Educación somática.

La Integración estructural, de Ida Rolf (1977), más conocida como *Rolfing*, la Integración postural (Painter, 1984) y el Masaje biodinámico (Southwell, 1983) de Gerda Boyenssen, también deben mucho al trabajo de Reich. En México, Roberto Navarro (1984) integró los modelos y técnicas de la Bioenergética, la Gestalt y la Terapia racional-emotiva entre otras, para plantear las bases de la Psicoenergética. Por su parte, José Luis Paoli creó el Análisis Psicocorporal, síntesis del trabajo de Reich y la psicología analítica de C. G. Jung, al cual define como "una posición integrativa de orientación psicocorporal, con dimensión transpersonal, que trabaja con la postura, el movimiento, la respiración, la sugestión y los sueños" (Paoli, 1993, en Oblitas, 1993, p. 55).

Otros modos de trabajar con el cuerpo, que no se originaron en la terapia de Reich y sus discípulos, pero tienen similitudes con ella y suelen emplearse en combinación con las técnicas reichianas y neo-reichianas son: la Conciencia a través del movimiento (Feldenkrais, 1977), el método *Alexander* (Maisel, 1969; Drake, 1991) y la Mentástica (Trager y Guadagno, 1987).

En los últimos años, algunos terapeutas psicocorporales han utilizado diferentes formas de imposición de manos. En muchos casos las asocian con tradiciones esotéricas y pretenden armonizar la energía del cuerpo sutil (Tansley, 1977) que puede estancarse o desequilibrarse, colocando las manos (no necesariamente tocando) sobre ciertas partes del cuerpo (Blades, 1979, Brennan, 1988). También aquí hay una proliferación de nombres: la Terapia de Polaridad, el Reiki y el Shen son algunas de las formas de imposición de manos que estos terapeutas practican actualmente.

A esto debemos agregar aún las más diversas disciplinas tradicionales, tanto asiáticas como americanas y africanas (Lidell, 1987), que se han utilizado para fomentar el bienestar y la conciencia de los que las practican. Éstas incluyen algunas formas de meditación en movimiento, danza, masaje y artes marciales.

Los líderes de cada una de estas escuelas suelen enfatizar las diferencias que existen entre su propio enfoque y los demás. Destacan la supuesta originalidad de su pensamiento y casi nunca señalan las similitudes entre su trabajo y el de otras tendencias. Muchas veces escriben textos de carácter general, en los cuales exponen y justifican sus puntos de vista, por lo que no se puede esperar el tratamiento meticuloso de problemas específicos de la teoría y de la técnica. Algunas obras de estos autores tienen muy pocas citas, de modo que no es posible distinguir su propias aportaciones de lo que han tomado de otros autores. De este modo, el énfasis en la originalidad y las diferencias, así como la insistencia en darle un nuevo nombre a cada forma particular de hacer psicoterapia, siempre que su "creador" consiga al menos un discípulo, puede tener ciertas ventajas mercadotécnicas, pero no contribuye a la sistematización de la teoría y práctica de la terapia psicocorporal.

Freud (1930) afirmó que la insistencia de los pueblos vecinos, parecidos entre sí, como los austríacos, bávaros, prusianos y suizos de habla alemana en enfatizar sus diferencias era producto de su narcisismo. Lo mismo puede decirse de quienes "crean" enfoques originales con semejanzas más que superficiales con los que les precedieron. Hace unos cinco años, encontré 37 "Terapias" psicocorporales (Ortiz, 1993), al revisar los currícula de los profesionales que presentaron trabajos en el Tercer Congreso Internacional de esta especialidad. Hoy tengo 63 diferentes nombres de terapias psicocorporales, mismos que he recopilado de documentos de otros congresos, pláticas con colegas, libros, folletos explicativos y publicitarios, y hasta en publicaciones populares como *Cuerpomente*; a continuación presento la lista de nombres que reciben las distintas formas de terapia psicocorporal:

Análisis bioenergético	*Feldenkrais*
Análisis psicocorporal	*Focusing*
Análisis psico-orgánico	Gestalt
Análisis regenerativo	*Hakomi*
Análisis reichiano	*Hellerwork*
Aston patterning	Integración energética
Audiopsicofonología	Integración postural
Core-energética	Kinesiología
Biosíntesis	Mascoterapia
Bodynamic psychotherapy	Método Aberastury
Danzoterapia	Masaje ayurvédico
Danza psicofísica maya	Masaje purépecha
Diafreoterapia	Masaje sensitivo gestáltico
Educación somática	Masaje tibetano

Método Pathwork
Método Rosen
Morfoanálisis
Orgónterapia
Polaridad
Programación neurolinguística
Proceso de la energía vital
    (Life energy process)
Psicodrama
Psiconergética
Psicología biodinámica
Psicoperistalsis
Psicoterapia corporal integral
Psicoterapia corporal y funcional
Psicoterapia corporal unificadora
    (Unitive bodypsychotherapy)
Psicoterapia funcional
Psicoterapia integradora humanista
Psicoterapia kinestésica emocional
Psicoterapia reichiana
Quiromasaje
Radix
Reiki
Reeducación corporal
    de orientación mezierista
Reeducación postural global
Reintegración emocional
Respiración holotrópica
Rolfing
Sexología
Sexología humanista analítica
Shen
Sinergia Rubenfeld
Sistema consciente para
    la técnica del movimiento
Sistema psicomotor Pesso-Boyden
Sistema Río Abierto
Soma
Somatoanálisis
Somatoterapia

La lista es necesariamente incompleta. Seguramente podría aumentar si agregamos disciplinas orientales como el *Qi Gong* (Chi kung), el *Kum Nie* o algunas formas de yoga que serían terapias psicocoporales. Sería más pequeña si nos atenemos a un criterio más estricto. Muchas de estas formas de trabajo no son propiamente psicoterapias, sino disciplinas que trabajan con el cuerpo y que más allá de los objetivos de cualquier simple ejercicio o deporte buscan alguna forma de bienestar "emocional" o "psicológico". En Estados Unidos se utiliza el término *Somatics* para designar a este conjunto de disciplinas, incluyendo las psicoterapias (Painter, 1998, comunicación personal). Por otra parte, encontraríamos que constantemente aparecen nuevas "terapias" que utilizan técnicas muy parecidas a las existentes y por lo tanto de nuevas no tienen más que el nombre. Muchas de estas formas de trabajo son sólo técnicas y no un sistema completo, mientras que otras son síntesis más o menos creativas de formas de trabajo ya establecidas.

La lista de variantes de trabajo psicocorporal es necesariamente incompleta. Algunas son derivadas del trabajo de Reich; otras han surgido de la fisioterapia, de formas alternativas de gimnasia o de las disciplinas tradicionales practicadas en sociedades no industrializadas. Para determinar cuáles de estas formas de trabajar con el cuerpo-mente pueden considerarse psicoterapias, es preciso definir esta disciplina. Con base en esta primera definición, a continuación presento una de terapia psicocorporal que incluye a la mayoría de estas variantes, y otra que delimita las formas de trabajo inspiradas en la obra de Wilhelm Reich.

Definiciones de terapia psicocorporal

Psicoterapia

Es una forma de tratamiento para los problemas de naturaleza emocional, en la cual una persona entrenada deliberadamente establece una relación profesional con otra, con el objeto de remover, modificar o retardar los síntomas existentes, intervenir en los patrones trastornados de conducta y promover su crecimiento y desarrollo personal (modificado de Wolberg, 1954).

Psicoterapia corporal

Cualquier forma de psicoterapia que utilice sistemáticamente el movimiento, la respiración, la postura o el contacto físico, en el contexto de una relación profesional, con el fin de propiciar la expresión de emociones, la ampliación de la conciencia, alivio al sufrimiento, mayor capacidad de sentir placer, y en general crecimiento y desarrollo personal.

Esta definición requiere de una explicación más amplia. Al referirme a *cualquier forma de psicoterapia*, quiero incluir todas las formas de tratamiento de los problemas emocionales. Ya presenté una lista, necesariamente incompleta, de las diferentes formas de terapia que implican algún tipo de trabajo con el cuerpo.

La frase "que utilice sistemáticamente el movimiento, la respiración y la postura", debe comentarse con cuidado. Movimiento es todo lo que una persona hace. Incluso la respiración o los movimientos que una persona hace con las manos, mientras está recostada en un diván de los utilizados en el psicoanálisis ortodoxo, son movimiento. En cualquier psicoterapia, los pacientes se mueven. En un proceso de terapia psico-corporal, el terapeuta les da instrucciones específicas para que se muevan de determinada manera, exageren o retarden un movimiento espontáneo, respiren de modos no habituales o adopten determinada postura.

El contacto físico se refiere a que el terapeuta psicocorporal puede utilizar diferentes técnicas de masaje, tocar a sus pacientes para transmitirles mensajes por la vía táctil y, desde luego, ser tocado por ellos.

La frase "en el contexto de una relación profesional", sitúa al movimiento y contacto físico dentro de límites muy claros: ambos se utilizan para beneficio del paciente, sin tratar de cubrir necesidades del terapeuta que no sean recibir un pago por su trabajo y tener una satisfacción por el correcto desempeño en su profesión. Cabe aclarar que ciertas psicoterapias dejan "tareas" a sus pacientes, y éstas suelen implicar movimiento. No considero a este tipo de intervenciones como un elemento que defina a la terapia psicocorporal.

Por último, "el fin de propiciar la expresión de emociones, la ampliación de la conciencia, alivio al sufrimiento, mayor capacidad de sentir placer, y en general crecimiento y desarrollo personal", se refiere a los objetivos de cualquier psicoterapia. Conviene recordar que deben cumplirse al menos tres de ellos. El más específico de la terapia psicocorporal (y no solamente la de inspiración reichiana) es la mayor capacidad de sentir placer. Creo que todas las terapias deberían hacerlo explícito. A esta psicoterapia también se le conoce como **Psicoterapia corporal**.

Psicoterapia corporal de inspiración reichiana
Cualquier terapia psicocorporal que utilice los conceptos y procedimientos empleados por Reich. Esta denominación incluye tanto a la **Vegetoterapia caracteroanalítica** como a la **Orgónterapia**, ambas creadas por el propio Reich y sistematizadas por sus discípulos

"ortodoxos" (Raknes, 1970, Baker, 1967) y los alumnos de éstos (Navarro, 1991, 1993; Serrano, 1995a, 1995b). También contempla las aportaciones de otros discípulos que hicieron importantes modificaciones a la terapia reichiana como el Análisis Bioenergético, mejor conocido como Bioenergética (Lowen 1958, 1975), la Core-energética (Pierrakos, 1987) y el Radix, de Charles Kelly. También se consideran aquellas escuelas que incorporan técnicas reichianas, como la Integración postural (Painter, 1984), La Biosíntesis (Boadella, 1987), La Psicoterapia corporal y funcional (Rispoli, 1988, 1992) y la Psicología biodinámica (Boyensen, 1980). Algunos dividen las psicoterapias inspiradas en Reich en Postreichianas, las cuales siguen de manera más ortodoxa las enseñanzas de Reich, y Neoreichianas, que han modificado algunos de sus principios.

Todas estas escuelas tienen bases teóricas comunes: hablan de la unidad funcional entre cuerpo y mente, y de una coraza o endurecimiento del carácter, tanto en lo que se refiere a actitudes como a tensiones crónicas en el cuerpo. Tratan de restablecer el flujo de energía y utilizan métodos que propician la recuperación de recuerdos asociados con diferentes partes del cuerpo, que pueden venir acompañados de fuertes descargas emocionales.

El problema de la imagen

En mi opinión, la terapia psicocorporal tiene un problema de imagen, en parte propiciado por los terapeutas que la practican y en parte por la ignorancia de quienes la critican.

La terapia psicocorporal ha sido asociada a todo tipo de prácticas poco ortodoxas, cuando no a excesos entre los cuales podemos citar la catarsis sin elaboración, la desnudez, el abuso sexual de terapeutas hacia sus pacientes, regocijarse en el dolor, el uso de drogas o los brotes psicóticos de los participantes en grupos, entre otros. Ciertamente, algunos terapeutas psicocorporales han transgredido todo tipo de límites, pero la falta de ética profesional y los problemas de control de impulsos no son exclusivos de una escuela de psicoterapia, y los excesos no son *conditio sine qua non* de esta corriente.

También se ha relacionado a la terapia psicocorporal con disciplinas como la acupuntura, la medicina naturista, la homeopatía, diferentes formas de yoga, el *Taiji Quan* (Tai chi chuan) y el zen, entre otras por el estilo. Muchos terapeutas psicocorporales practican o están entrenados en alguna de estas disciplinas. Por otra parte, el tipo de persona que las practica, suele recurrir a la medicina alternativa cuando decide iniciar un proceso terapéutico, y puede buscar un terapeuta psicocorporal debido a que esta forma de psicoterapia le parece congruente con sus prácticas. Del mismo modo, algunas personas no se acercarían a la terapia psicocorporal por pensar que es necesario ser naturista o por lo menos vegetariano, creer en la reencarnación y ser discípulo de algún exótico *gurú*. Conocí dos instituciones dedicadas a la enseñanza de la terapia psicocorporal en las cuales, junto a los retratos de Reich o Pierrakos, aparecían las fotografías de algunos gurús de La India como Muktananda Paramahansha, Bhagwan Shree Rajneesh o Gurú Mayi.

De este modo, la concepción holista de la salud y la importancia del concepto de energía hacen que la práctica de la terapia psicocorporal se acerque al ejercicio de las medicinas alternativas. Las disciplinas orientales, al igual que la terapia psicocorporal, utilizan la respiración y atienden a los procesos corporales, movimientos y posturas a fin de alcanzar mayor bienestar y conciencia.

Sin embargo, con el debido respeto a las medicinas alternativas y a las prácticas místico-religiosas originadas en Oriente, debo subrayar que es posible ser terapeuta psicocorporal sin ser adepto a unas u otras. Las medicinas alternativas y las técnicas desarrolladas en el seno de diferentes disciplinas orientales (¿y por qué no, también mesoamericanas?) pueden ser muy útiles para los objetivos de la terapia psicocorporal. Lo que a mi juicio resulta peligroso es que muchas personas se hacen creyentes poco críticas de una serie de ideas exóticas e idealizan de un modo burdo a *Swamis* y gurús. Las ideas por sí solas no son malas, y los maestros espirituales pueden ser excelentes personas. Lo peligroso es que de alguna manera fomentan la aceptación incondicional de un sistema de creencias, muchas veces acompañado por la idealización grosera de su persona como figura paterna o materna. Esto puede producir una sensación de pertenencia y arraigo en las personas desamparadas, pero al mismo tiempo impedirles un verdadero crecimiento.

Jung (1929, P. 18), que entre otras cosas fue un estudioso de las tradiciones espirituales de Oriente, nos previene:

> Los mendigos espirituales de nuestros días, por desgracia, se inclinan en exceso a aceptar en especie la limosna del Este, es decir, a apropiarse sin reflexionar de las posesiones espirituales del Este e imitar ciegamente su manera y modo.

El problema de la imagen de la terapia psicocorporal tiene otro matiz que me gustaría comentar: la participación en un grupo intensivo de fin de semana, el conocimiento de personas que oyen opinan así, sólo "de oídas", sin haber tenido acceso real a la información, de lo que sucede en las sesiones o la lectura de muchos de los trabajos escritos sobre el tema, hace destacar aquellas cosas en las que esta forma de hacer psicoterapia *difiere* de las demás. Por ejemplo, se define a la terapia psicocorporal por los gritos y los golpes que los participantes dan a los cojines.

Lo anterior fomenta la impresión de que en esta forma de psicoterapia no se toman en cuenta, por ejemplo, la transferencia y la contratransferencia, la elaboración del material y otros aspectos importantes del proceso. Hace falta un conocimiento más profundo de las raíces psicoanalíticas del trabajo de Reich (que veremos en el capítulo dos) y de la importancia que le dan a estos fenómenos los verdaderos profesionales de la terapia psicocorporal, por lo que abordaremos el tema de la transferencia en el capítulo cinco.

En resumen, la terapia psicocorporal tiene un problema de imagen porque se le asocia a:

a) Prácticas poco éticas.
b) Doctrinas esotéricas.
c) Prácticas poco profesionales, en el sentido de carecer de fundamento teórico y de metodología.

La terapia psicocorporal y el Movimiento del Potencial Humano

El problema de la imagen de la terapia psicocorporal está estrechamente ligado con las circunstancias en que esta corriente se popularizó en el contexto del Movimiento del Potencial Humano, sobre todo en los grupos de encuentro o *Sensitivity Training*.

Podemos buscar el origen de la terapia psicocorporal en las diferentes formas de danza sagrada, masaje, técnicas de respiración y otras prácticas que todas las culturas han utilizado para promover el bienestar, tanto físico como espiritual, y para alcanzar estados alterados de conciencia. Muchos terapeutas psicocorporales han tenido experiencias con chamanes y curanderos, yoguis y maestros espirituales de las más diversas tradiciones en busca de métodos y técnicas de intervención en el enfoque cuerpo-mente.

Por otra parte, cada método terapéutico tiene su propia historia. Así, es posible estudiar la obra de pioneros como F. M. Alexander o Wilhelm Reich para saber que su obra sigue vigente, tanto en su presentación original como en forma diluida, modificada o distorsionada. Sin embargo, los métodos y técnicas que se originaron en Occidente, así como los que provienen de otras culturas estuvieron al alcance del gran público, gracias al Movimiento del Potencial Humano.

A mediados de la década de los 60 y principios de los 70, en Estados Unidos surgieron muchas nuevas formas de hacer psicoterapia. En esa época, la generación de norteamericanos nacidos después de la segunda guerra mundial, los llamados *Baby Boomers* alcanzaron la mayoría de edad. Esa generación protestó por la guerra de Vietnam, se dejó crecer el cabello, consumió alucinógenos y conoció una libertad de expresión (incluida la expresión de la sexualidad) que no se había visto antes. Eran jóvenes que habían crecido en una época de bienestar económico, y en su búsqueda de nuevas formas de autoconocimiento y relación con los demás, fueron ávidos consumidores de los platillos que les ofreció ese bufet al cual se ha llamado Movimiento del Potencial Humano.

Con justicia, el Movimiento del Potencial Humano ha sido calificado de híbrido. Entre sus antecedentes teóricos encontramos un poco de psicoanálisis culturalista y de existencialismo, pero el movimiento generó su propia base teórica con los escritos de Carl Rogers (1970), Abraham Maslow (1962) y Fritz Perls (1969), entre otros. Aunque estos autores contaban con obra publicada antes del auge de los grupos de encuentro, fue en este contexto donde alcanzaron su mayor difusión en la medida en que su obra fue conocida más allá de un reducido público de especialistas.

En lo práctico, surge directamente del trabajo de Kurt Lewin y sus discípulos, concretamente de los grupos T (de *Training*, entrenamiento) y A (de acción) que se utilizaron en los laboratorios nacionales de entrenamiento (*NTL*). Aunque esto no siempre sea reconocido, no ha dejado de nutrirse del fecundo trabajo de J. L. Moreno, creador del Psicodrama (Blatner, 1973, pp. 107-109).

En la medida en que el movimiento de los grupos de encuentro se expandió, se popularizaron nuevas técnicas de trabajo en grupo. En su búsqueda de novedades, el Movimiento del Potencial Humano no vaciló en incorporar técnicas surgidas de las más diversas disciplinas orientales (y eventualmente de otras fuentes, como las culturas tradicionales de América y África), del teatro, la danza y la fisioterapia. Entre estas técnicas se cuentan las más diversas formas de meditación, de trabajo con el movimiento, con la respiración, de masaje, de expresión gráfica, y así por el estilo. Gracias a los grupos de encuentro, un público más amplio conoció las técnicas de Reich y sus discípulos, cuyo desarrollo y difusión se habían restringido durante la segunda guerra mundial y los años siguientes.

La popularización del Movimiento del Potencial Humano está estrechamente ligada a Esalen, en la costa de California, cerca de Big Sur. Como centro de desarrollo humano, Esalen fue fundado en 1962 por Michael Murphy con un seminario en el que participaron, entre otros, Aldous Huxley y Alan Watts (Back, 1973, p. 68). Para mediados de los 60 era una especie de Meca del autodescubriento personal. En Esalen vivían Fritz Perls, creador de la Terapia Gestalt (Shepard, 1975), y William Shutz, quien incorporó todo tipo de técnicas a los grupos de encuentro y contribuyó a popularizarlos con su libro *Joy* (Shutz, 1967). A este lugar acudían, en principio, personas de posición económica desahogada, a participar en experiencias intensas que duraban entre dos y siete días. Eventualmente, Esalen ofreció programas un poco más formales con objeto de formar especialistas.

Shepard (1975, p. 117) da cuenta de la riqueza material y el vacío espiritual en la vida de muchos de los asistentes a Esalen:

> Esalen estaba abierto a todos los hombres y a todas las mujeres. Cualquiera que estuviera dispuesto a decir "Yo podría sacar *aún más* de mi vida" era bienvenido. No era necesario tener la etiqueta de "neurótico" para tratar de sentirse mejor. Esta posibilidad atrajo a muchos, al darse cuenta de que el hecho de tener una buena casa, un buen trabajo y un buen auto —resultado de un materialismo que se suponía haría más ricas nuestras vidas— en realidad nos había hecho más pobres.

La psicología ha tenido grandes maestros. En la época de auge de los grupos de encuentro, muchos de estos maestros se dejaron llevar por su entusiasmo y el de sus seguidores, y se extralimitaron respecto a los alcances de su trabajo. Rogers (1970), por ejemplo, afirmó que los grupos de encuentro eran probablemente la invención más significativa del siglo. Pero el entusiasmo de Rogers se vio atenuado por su actitud no directiva. En cambio, muchos terapeutas (incluidos algunos psicocorporales) se comportaban como verdaderos líderes de masas en el sentido de Le Bon (1895): hombres enérgicos, de acción, hipnotizados por una idea, al grado de que toda opinión contraria les parecía errónea. De este modo, el cuerpo teórico (si es que se le puede llamar así) que sustentaba el trabajo de estas personas adquirió características de religión.

Los orígenes de la terapia psicocorporal en México

La popularidad de Esalen, y en general del Movimiento del Potencial Humano, llegó más allá de las fronteras de Estados Unidos y se hizo sentir en otros países.

En la década de los 60, la práctica de la psicoterapia en México estaba dominada por dos escuelas: la freudiana y la frommiana. Erich

Fromm pasaba largas temporadas en nuestro país con sus doce discípulos mexicanos. De éstos, tal vez el más abierto a otras formas de crecimiento personal era el doctor Jorge Derbez. Uno de sus pacientes, Andrés Leites, visitó Esalen alrededor de 1966. Fue tal su entusiasmo que, ante la imposibilidad de tomar todos los talleres que ahí se ofrecían, propuso al doctor Derbez la creación de un centro de desarrollo en México. Este último, por su parte, insatisfecho con las escuelas existentes en su tiempo, buscaba una alternativa de educación para sus propios hijos.

El centro, ubicado en las Colinas de Tarango, al poniente de la ciudad de México, sería entre semana una escuela progresista, al estilo Summerhill, y los fines de semana ofrecería experiencias grupales intensivas conducidas por los mismos terapeutas que trabajaban en Estados Unidos. Muchos, si no es que todos los terapeutas que vinieron a Tarango y otros lugares de México, trabajaban de alguna manera con el cuerpo, ya fuera que hicieran conciencia sensorial (Gunther, 1968), Bioenergética, Gestalt o una combinación de diferentes técnicas (Shutz, 1967, 1971). Entre otros, trabajaron en Tarango Will Shutz y John Pierrakos[2].

Uno de los pioneros de la terapia psicocorporal en México fue el doctor Héctor Kuri. Según él[3], Stanley Keleman fue el primer analista bioenergético que trabajó en México, invitado por él mismo. Posteriormente organizó grupos intensivos con Bob Zimmerman, John Pierrakos y Alexander Lowen. Kuri empezó su entrenamiento en el Instituto de Análisis Bioenergético, en Nueva York, a mediados de la década de 1970, y una vez concluida su formación empezó a formar terapeutas en 1977. Desde entonces, se dedicó a conducir grupos en diferentes partes de México y Estados Unidos, con lo cual contribuyó a dar a conocer la bioenergética primero y, eventualmente, la forma de trabajo psicocorporal que él desarrolló.

Otro pionero de la terapia psicocorporal en México fue Rafael Estrada Villa, médico homeópata que estudió psiquiatría en la década de los 60. Como militante comunista, su acercamiento a la terapia

---

[2] Entrevista del autor con el doctor Leites, el 3 de octubre de 1993.
[3] Entrevista telefónica con el autor, en septiembre de 1993.

psicocorporal fue en un inicio por la obra política de Reich: lo primero que leyó de él fue *Materialismo dialéctico y psicoanálisis* (Reich, 1929). Fue preso político en 1968, y al salir de la cárcel cambió esta actividad por la clínica. En 1970, al lado de su esposa Marie France, fundó el Instituto Wilhelm Reich, que poco después empezó a formar profesionales en terapia psicocorporal. Entre los terapeutas que trabajaron en el instituto estuvieron Gerda Boyensen y su hijo Paul, Stanley Keleman, Eva Reich –hija de Wilhelm Reich– Chuck Kelly, Bob Zimmerman y Alexander Lowen[4]. El doctor Estrada enseñó en Canadá, Venezuela, Francia, Italia y España. Ya mencionamos que fue fundador del Comité Científico Internacional para la Terapia Psicocorporal y presidió el primer congreso de este organismo en Oaxtepec, México, en 1987.

El doctor Agustín Ramírez fue alumno de Carl Rogers, se formó como psicodramatista con Jacobo Leví Moreno, estudió bioenergética con Lowen y Core-energética con John Pierakos. Es autor de los libros: *Psicodrama. Teoría y práctica* (1987) y *Psique y Soma. Terapia bioenergética* (1995). Ha formado psicoterapeutas en Chicago, Estados Unidos, y en Guadalajara, México.

El doctor Roberto Navarro también ha contribuido a difundir su muy particular versión de la terapia psicocorporal: primero en la Universidad Iberoamericana, y posteriormente en La Universidad Intercontinental y en diversas instituciones privadas de desarrollo humano. Es autor de *Psicoenergética* (1987).

Finalmente, el doctor Salvador Rocquet utilizó técnicas psicocorporales en sus sesiones intensivas de psicoterapia grupal, a las cuales llamó *convivios*; trabajó en México, Francia y Estados Unidos.

He incluido en esta lista de precursores de la terapia psicocorporal en México únicamente a personas de la primera generación de terapeutas de esta orientación. Dos de ellos (Ramírez y Navarro) siguen trabajando. Los otros tres, Kuri, Estrada Villa y Rocquet, ya fallecieron. Tal vez habría que agregar los nombres de algunos de sus discípulos, que han seguido trabajando y formando terapeutas, pero eso está más allá de los límites de este trabajo.

---

[4] Entrevista con el autor, el 7 de octubre de 1993.

La búsqueda personal

Pertenezco a una generación de psicólogos escépticos que no se casaron con ninguna teoría en los primeros años de su formación. En mi época de estudiante de licenciatura, en la Universidad Iberoamericana (1969-1973), muchas materias del área clínica eran impartidas por psiquiatras que veían con desdén, cuando no con desprecio, el ejercicio de la psicoterapia por profesionales de la psicología. El auge de la corriente frommiana casi había pasado y el psicoanálisis ortodoxo vivía una especie de hibernación. Eran años en los que un grupo de conductistas skinnerianos tenía fuerza en la universidad. Algunos hacían comentarios que descalificaban al psicoanálisis en particular, y de manera general a todas las corrientes que diferían de la propia. Del Centro de Orientación Psicológica de la misma universidad llegaban noticias de otras escuelas, como la Terapia Centrada en la Persona, de Rogers, y la Terapia Gestalt, de Perls. Apenas se escuchaban entre los estudiantes de licenciatura, pero parecían ofrecer una alternativa al psicólogo que quisiera dedicarse a la psicoterapia. El escenario favorecía la duda y la confusión, así como la crítica y la búsqueda.

Desde mi último año de licenciatura me interesé por la psicoterapia Gestalt. En ese tiempo no había ningún entrenamiento formal, pero se podían conseguir algunos de los libros de Perls y sus discípulos en ediciones rústicas –*paperbacks*– en inglés. Además, de cuando en cuando alguien organizaba cursos intensivos de fin de semana en los que diferentes terapeutas estadounidenses demostraban en grupo las técnicas gestálticas. Asistí a dos sesiones intensivas de fin de semana, una de ellas en Tarango. Por ese tiempo empecé un proceso de terapia individual con el doctor Roberto Navarro, que duraría dos años; él practicaba entonces un tipo de terapia gestáltica. Una revisión general a la literatura de la Gestalt, mi propio proceso terapéutico y los cursos que tomé en la Maestría en Psicología Clínica (1975-1977) me condujeron a Reich y al Psicodrama, dos de las raíces de la Gestalt.

En 1977 me inscribí en un curso de psicodrama, que entonces era incluido en el plan de estudios de la Maestría. La responsable del curso era la maestra Diana Villaseñor, una psicodramatista con mayor reconocimiento en el extranjero que en México. Mi primera experiencia como protagonista de un psicodrama fue muy impresionante: recuperé recuerdos y sentimientos de los cuales no había sido consciente durante los dos años de acudir una vez por semana a terapia individual. El trabajo de algunos compañeros del curso también me impresionó, de modo que al terminar en curso seguí estudiando psicodrama en el Instituto Mexicano de Psicodrama, que dirigía la maestra Villaseñor. El entrenamiento consistía en participar en un grupo, primero como paciente y posteriormente como terapeuta auxiliar (sin que esto descartara el trabajo personal) en un grupo terapéutico con pacientes, y sesiones teórico-prácticas a las que sólo asistíamos los interesados en la formación profesional. Estuve suficiente tiempo como para alcanzar el grado de terapeuta asistente de psicodrama, una tercera parte de la formación completa. El entrenamiento consiste en acumular horas de práctica como terapeuta asistente y posteriormente dirigir psicodrama bajo supervisión. Toda vez que en ese tiempo la única persona capaz de formar terapeutas de orientación psicodramática en la ciudad de México era Diana Villaseñor, seguir en la formación era ver más de lo mismo. No podría decir en unas cuantas líneas todo lo que le debo a Diana, que en más de un sentido me parece la mejor terapeuta de grupo que he conocido; pero aun así, ella sola no podía sostener una formación que duraría al menos cuatro años. El propio psicodrama merecería más que las pocas palabras que le dedico ahora, pero eso sería tema de otro libro.

A finales de la década de los 70, la palabra bioenergética era casi sinónimo de terapia psicocorporal. Así llamó a su trabajo el doctor Alexander Lowen, quien fuera discípulo (1940-1952) y paciente (1942-1945) de Wilhelm Reich (Lowen, 1975). Casi todos los libros de Lowen están dirigidos a personas no especializadas y muchos han sido *best-sellers* en su especialidad. Por otro lado, él nunca fue un militante revolucionario que consiguiera fácilmente enemistarse con las autoridades de los países donde vivía (como Reich), de modo que su escuela llegó a ser más popular y conocida que la de su maestro.

En ese tiempo, la enseñanza de la terapia psicocorporal estaba centrada en dos personas: el doctor Rafael Estrada Villa y el doctor Héctor Kuri. Yo decidí aprender del doctor Kuri porque fue el primero que conocí, a mediados de 1979. Su trabajo en un grupo intensivo de fin de semana me impresionó favorablemente.

Sin duda, la parte más importante del entrenamiento era el propio proceso terapéutico. Las sesiones se caracterizaban por intervenciones del terapeuta en diferentes momentos de las sesiones. Podía tratarse de instrucciones para realizar determinados movimientos o tomar ciertas posturas, indicaciones sobre formas de entrar en contacto con los otros o manipulaciones directas del cuerpo. Los resultados eran muchas veces espectaculares y, en general, cada vez me sentía mejor, con más energía y más en contacto con mi cuerpo. Para alguien que, como yo, había vivido la mayor parte del tiempo en su cabeza, esta forma de terapia parecía ideal. Sin embargo, el propio proceso terapéutico por importante que sea, no es suficiente para asegurar una buena formación como terapeuta.

El entrenamiento de terapeutas, según supe por mi propia experiencia con el doctor Kuri, era poco sistemático y hacía énfasis la práctica: el maestro era a la vez terapeuta y supervisor. Una sesión de grupo podía centrarse en el aprendizaje de conceptos, en el proceso del grupo, en trabajos individuales frente al grupo o en prácticas supervisadas entre los estudiantes. No existía un plan de estudios definido, y si alguna vez existió no fue cubierto. Los estudiantes avanzados estaban en el mismo grupo que los principiantes, de modo que el material introductorio se repetía. En cuanto al material teórico, revisábamos *Análisis del carácter* (Reich, 1949), algunos libros de Lowen y la *Teoría psicoanalítica de las neurosis* (Fenichel, 1945), con la atención puesta en los diferentes tipos de carácter. Al leer estos libros, empecé a advertir la importancia de las raíces psicoanalíticas del trabajo de Reich.

En ese tiempo, y aún ahora, la bioenergética en particular y la terapia psicocorporal en general, eran mal vistas por muchos psicoterapeutas, particularmente por los de orientación ortodoxa (vea, por ejemplo, Cappon, 1978). La bioenergética y otras escuelas similares, decían, provocaba descargas emocionales que no siempre se elaboraban, producía mezclas explosivas de sentimientos en terapeutas y pacientes debido al contacto físico, etcétera. En las terapias psicocorporales se proyectaban, no siempre justificadamente, toda clase de fantasías. Por su parte, los practicantes de la bioenergética también criticaban a su vez a los psicoanalistas. El psicoanálisis era demasiado lento, demasiado intelectual, no lograba verdaderos cambios. De todas formas, una lectura de *The language of the body* de Lowen (1958) o, por supuesto, de la obra clínica de Reich, demuestran que ambos reconocen los fundamentos psicoanalíticos de su trabajo.

En 1985, más de cuatro años después de haber dejado de ser discípulo del doctor Kuri, me asocié con mi amigo José Luis Paoli con el objeto de abrir un entrenamiento para terapeutas con orientación psicocorporal. El primer grupo inició en 1986. Mientras yo escribía este libro, comenzó a formarse la décima generación[5]. Desde el principio nos preocupamos por ofrecer un entrenamiento con sólidas bases teóricas, distinguiendo, en la medida de lo posible, el proceso personal, el proceso de grupo y la formación teórico-práctica[6]. El trabajo de organizar un plan de estudios nos llevó a revisar con más cuidado el material que ya conocíamos, así como el constante proceso de revisión de los programas y la preparación de las clases nos ha llevado a hacer una y otra lectura de las obra de Lowen y Reich. Posteriormente, he revisado también la obra de otros autores.

En lo particular, cada nueva lectura me enseña algo nuevo y me lleva a valorar a los dos autores mencionados. Sin embargo, no puedo menos que reconocer que el modelo de Reich, como cualquier otro, tiene limitaciones. Ni él ni sus discípulos han pretendido cubrir todos los aspectos de la psicoterapia o de la teoría de la personalidad. La mayoría de los libros de Lowen han sido escritos pensando en un público no especializado, y no están escritos de modo que aborden

---

[5] José Luis Paoli dejó de participar en esta formación al concluir la quinta generación. Actualmente trabaja la terapia psicocorporal, basado en la psicología analítica de Carl Gustav Jung. Ha llamado a su enfoque **Análisis psicocorporal** (Paoli, 1993).

[6] Existen otros programas de formación en terapia psicocorporal: dos discípulas del doctor Estrada, Blanca Rosa Añorve e Ilse Kretzchmar han contribuido a la difusión de la Terapia psicocorporal y han formado terapeutas. Blanca ha formado especialistas en masaje reichiano e integración postural (Painter, 1987) en México y varios países más. Por su parte, Ilse ha formado terapeutas psicocorporales y fundó, en 1993, el Instituto de Core energética de México, asociado al *Institute of core energetics*, que dirige John Pierrakos.

sistemáticamente el tema de la técnica o de teoría de la técnica de la psicoterapia. Por otra parte, muchos terapeutas psicocorporales se inclinan más a la práctica que a la teorización. Logran resultados, pero no siempre saben cómo llegaron a ellos, o bien sus explicaciones son muy elementales. Los fundamentos del trabajo psicocorporal no están sólo en los escritos de Reich y sus seguidores.

Una de las preguntas fundamentales que han guiado lecturas de otros autores es: si Reich basó su teoría del carácter y su forma de hacer psicoterapia en el psicoanálisis, durante las dos primeras décadas de este siglo, ¿de qué manera pueden fortalecerse la teoría y la práctica de la terapia psicocorporal con el psicoanálisis contemporáneo y con otras teorías psicológicas?

En diciembre de 1987 se celebró en Oaxtepec, Morelos (México), el primer Congreso Internacional de Terapias Psicocorporales. Uno de los objetivos del evento era conmemorar el trigésimo aniversario de la muerte de Wilhelm Reich. El congreso reunió participantes de países de América y Europa Occidental. Yo presenté un trabajo teórico. La exposición de los trabajos teóricos estaba organizada en mesas redondas. La que me correspondía se unió a otra. La mayoría de los ponentes no traía un trabajo escrito y se dedicó a improvisar. El énfasis del evento estuvo en los talleres, nombre que se les da a las sesiones (de una mañana o un día) con énfasis en la experiencia personal. Conocí a muchos terapeutas psicocorporales que entrenaban personas de acuerdo con diferentes "escuelas" que, en algunos casos, ellos mismos habían fundado. La mayoría eran maestros itinerantes, con diferentes grupos en formación en diversas partes de un país, o incluso de varios países. Estos grupos se reunían en sesiones intensivas, sin duda espectaculares, de unos cuantos días.

En este sistema, el participante es bombardeado con conceptos y experiencias que asimila lo mejor que puede. Si no hay un seguimiento, mucho de lo aprendido se desdibuja con el tiempo. La excepción la hacían quienes dirigían un instituto con un plan de estudios bien estructurado, que exigía constancia. En una de las conferencias magistrales, el ponente afirmó que las terapias psicocorporales se han desarrollado al margen de las universidades. En todo caso, la energía se notaba más que la forma y la intensidad de las experiencias era mucho más importante que la elaboración de los conceptos o la investigación acuciosa. Claro está que puede ser más valioso trabajar con un terapeuta reconocido que escucharlo leer un reporte de investigación. De todas formas, faltan espacios y tiempos para lo segundo.

A principios de 1990 empecé un programa de entrenamiento bajo la dirección del doctor John Pierrakos, quien fuera discípulo de Reich y colaborador de Lowen. Ahí pude comprobar que la formación de terapeutas con énfasis en la experiencia y el poco cuidado en la teoría no es algo privativo de los pioneros del trabajo psicocorporal en México. También he tenido la oportunidad de escuchar el testimonio del doctor Pierrakos, parte viviente de la historia del movimiento reichiano, verlo trabajar y conocer directamente los fundamentos de su forma de hacer psicoterapia. No podría haber mejor complemento al estudio de la obra de Reich que el contacto directo con uno de sus discípulos.

En 1993 asistí al Tercer Congreso Internacional de Terapias Psicocorporales, celebrado en Castelldefels (cerca de Barcelona), España. En este evento se hizo mucho más énfasis en las conferencias, mesas redondas y plenarias que en los talleres. En el ámbito internacional, existe consenso en la necesidad de reflexionar sobre nuestro quehacer profesional y discutir las bases teóricas de nuestro trabajo.

El cuarto congreso de la misma asociación, realizado en Beverly, Massachussets (cerca de Boston), tuvo por lema: "celebrar la diversidad de las terapias psicocorporales y construir puentes".

Panorama actual de la terapia psicocorporal

A finales del segundo milenio, las viejas formas de practicar y enseñar la terapia psicocorporal, aquellas que conservan las características menos afortunadas del Movimiento del Potencial Humano, coexisten con otros modos más formales y organizados de trabajo, que tienden a profesionalizar esta corriente. Enseguida comentaré algunas de las típicas tendencias contrastantes de la práctica y la enseñanza de la terapia psicocorporal en nuestro país.

Los grandes maestros *vs.* las escuelas

Los grandes maestros, cuyo trabajo se popularizó en la década de los 70 no tuvieron la capacidad de sostener sus escuelas, como Fritz Perls, o bien fundaron instituciones que giraban en torno a sus personas, como Alexander Lowen y John Pierrakos. Estos grandes terapeutas crearon formas de trabajo que eran las mejores *para ellos*, pero que son difíciles de imitar. Muchos de los asistentes a los grupos que conducen esperan verlos trabajar, con la esperanza de adquirir un poco de su extraordinaria intuición, que ellos mismos no siempre saben explicar. En algunos casos los discípulos se convierten en copias al carbón, cada vez más borrosas, de la enseñanza original. De todas formas, su habilidad y su necesidad de ser admirados fomentó que muchos seguidores llegaran a verlos como líderes carismáticos o incluso mesiánicos, idealizándolos en forma grosera. Su necesidad de control y su poca tolerancia por la disidencia hicieron que algunos de sus más brillantes discípulos se alejaran de ellos para fundar sus propias escuelas.

En México, la situación no ha sido distinta. Los precursores de la terapia psicocorporal fueron a la vez terapeutas, maestros y supervisores de sus pupilos, y no supieron consolidar los grupos que formaron.

En contraste, las verdaderas escuelas no dependen de una persona, por inspirada y brillante que sea, para realizar su labor de terapia, supervisión, enseñanza e investigación. Se organizan en torno al trabajo, y no a la figura de un gurú. Cuentan con planes y programas de estudios, de modo que ningún maestro o terapeuta es indispensable. En algunos casos, ha sido posible que una escuela transite del trabajo centrado en una persona a una escuela organizada, como en el caso de la Core-energética (Black, 1998, comunicación personal).

Experiencias intensivas *vs.* trabajo cotidiano

Muchas personas conocieron la terapia psicocorporal por experiencias intensivas de fin de semana, las cuales eran como una especie de retiro catártico en donde un grupo de personas extrañas entre sí compartían historias y se desahogaban, con la esperanza de lograr cambios definitivos. Muchos terapeutas famosos van por el mundo conduciendo sesiones intensivas en las que se producen resultados espectaculares: intensas catarsis, recuerdos de sucesos largamente olvidados e *insights*[7] reveladores. Se relacionan intensamente con personas que acaban de conocer y a las que tal vez nunca volverán a ver. Una terapeuta que conocí inició su trabajo de dos días con un grupo al que nunca había visto, acercándose a cada uno de los más de veinte asistentes, para verlos a los ojos, tocarlos con sus manos y finalmente decir: yo soy (*decía su nombre*) y te amo desde mi corazón. En el contexto del Movimiento del Potencial Humano se valoraron altamente las relaciones intensas y efímeras. Rogers (1970, p. 11) afirmó que la necesidad psicológica que llevaba a las personas a los grupos de encuentro era el hambre de relaciones cercanas y reales. También señala que existe una tendencia a crear relaciones significativas y profundas que duren muy poco.

La vida de Fritz Perls, Bill Shutz y Bernie Gunther, los tres principales conductores de grupos en la época en que Esalen alcanzó mayor notoriedad, estuvo llena de ese tipo de relaciones (Shepard, 1975, pp. 155-166). Para las personas que acuden a un grupo estar cerca de quien lo dirige, especialmente si es un personaje famoso, puede ser una experiencia muy importante:

> Durante este tiempo (el que pasó en Esalen), Fritz (Perls) dio a muchas personas el regalo de sentir que eran especiales para él. Aunque incontables almas sintieron que habían compartido un momento significativo con este hombre, estos momentos eran en realidad más comunes de lo que creían. Al menos para Fritz. Uno de sus asistentes en Esalen lo expresó de este modo: "La gente siempre quería estar cerca de él. Periódicamente, pescaba un pez del estanque y era muy atractivo (para la persona). Un día era Marsha. Ella era la persona más importante en su vida *en ese momento*. Y luego, cualquier día, la abandonaba. Tal como me abandonó a mí". (Shepard, 1975, p. 163.)

---

[7] Los insights consisten en darse cuenta; hacer consciente lo inconsciente.

En efecto, las relaciones que suelen darse en los grupos pueden parecer significativas *en ese momento*. La inevitable despedida, una vez que la experiencia termina, resulta muy dolorosa para quienes tienen expectativas de que ese tipo de relaciones continúen más allá del grupo.

Tal vez sea más acertado afirmar que las relaciones que surgen en los grupos son *diferentes* a las que entablamos en la vida cotidiana, sin hacer juicios de valor sobre si a la larga son perjudiciales o positivas para las personas.

Back (1972, p. 121-126) comparó las intensas experiencias grupales que se daban en el Movimiento del Potencial Humano con otros tipos de grupos, como los retiros religiosos y las vacaciones organizadas del tipo *Club Méditerranée*. En estos casos, también se dan relaciones efímeras intensas que en el momento pueden parecer significativas y poco a poco se desdibujan. La vida de algunos terapeutas itinerantes, como la de Fritz Perls en sus últimos años, está llena de relaciones o episodios que parecían significativos y quedaron en nada. En ese sentido, la psicoterapia hace eco de los tiempos en que nada parece permanente. Es más importante la satisfacción de los impulsos inmediatos que la constancia en las relaciones.

Un fin de semana conducido por un terapeuta muy hábil o unas cuantas sesiones de masaje profundo pueden producir resultados espectaculares, pero cuesta trabajo creer que ocurrirá un cambio significativo y duradero. Cualquiera que se haya sometido a un proceso de desarrollo y aprendizaje conoce la realidad de la lenta evolución, el valor de la tenacidad, el sabor del logro obtenido gracias a la paciente y disciplinada entrega a una tarea.

Tal vez durante un fin de semana de terapia intensiva se cosechen frutos sembrados y cuidados mediante un proceso vital (dentro o fuera del consultorio), o quizá este tipo de trabajo muestre al participante nuevas opciones a probar, pero es necesario respaldar los logros con un proceso de elaboración.

Por otra parte, la terapia psicocorporal también puede implicar un compromiso entre personas que trabajarán juntas durante un tiempo reuniéndose, por ejemplo, una vez a la semana. Desarrollar y mantener cualquier habilidad exige disciplina y repetición rutinaria.

La experiencia, por lo tanto, no es espectacular, pero el cambio que así conseguimos es más profundo y duradero.

Las dos formas de trabajo no tienen por qué excluirse mutuamente. Las experiencias intensivas pueden enriquecer y facilitar un proceso terapéutico más sistemático.

Atomización *vs.* cooperación

La inclinación frívola y narcisista de subrayar las pequeñas diferencias que, junto con el interés comercial, dan lugar a la proliferación de nombres y escuelas ha producido una creciente atomización de las personas y los grupos que practican la terapia psicocorporal. Esta situación no sólo produce confusión, sino que hace difícil que los profesionales y maestros de esta corriente se comuniquen entre sí y unan esfuerzos para elevar su nivel profesional, actualizarse, intercambiar o publicar información, como sucede en otros gremios.

Por otro lado, la tendencia a reunir a los diferentes enfoques bajo una misma denominación, terapia psicocorporal, y a reunirse en congresos más allá de la propia escuela hace que tanto los participantes como la disciplina se desarrollen.

Es importante destacar esfuerzos como el coloquio *L' Heritage Reichien*, celebrado en París en 1991. En este evento, las diferentes escuelas francesas de terapia psicocorporal de orientación reichiana discutieron y revisaron sus posiciones respecto a la obra de Reich desde su propia experiencia, es decir, basadas en su práctica.

Improvisación *vs.* profesionalización

Este punto está estrechamente relacionado con el anterior. La falta de cooperación entre los verdaderos profesionales de la terapia psicocorporal, y sobre todo entre los que forman especialistas en esta área, es uno de los factores que han contribuido al surgimiento sin control de terapeutas "silvestres". En algunos países de Europa se han logrado acuerdos entre diferentes escuelas respecto al número de horas que (como mínimo) deben dedicarse a la formación teórica y práctica, terapia individual, de grupo, o ambas, y supervisión para los futuros terapeutas. En Francia, varias escuelas acordaron establecer un tronco común a las formaciones que ofrecen, de manera que el estudiante, una vez que termina su formación básica, puede continuar su entrenamiento en cualquiera de ellas. Otros países tienen colegios profesionales, sindicatos o directorios de terapeutas, donde especifican la formación de cada uno. Estas medidas no garantizan la habilidad de los profesionales reconocidos por su gremio, pero disminuyen las nocivas posibilidades de improvisación y charlatanería.

La creación de una organización gremial en nuestro país plantea serias dificultades entre las que destacan la dificultad de convocar a los terapeutas psicocorporales y de lograr su participación, la lucha por el poder dentro de la misma organización y el establecimiento de acuerdos mínimos de las escuelas respecto a la selección de candidatos y a la formación de terapeutas.

Un punto particularmente delicado a tratar es entrenamiento de terapeutas cuya formación profesional no es la medicina o psicología. En la década de los 60, los psiquiatras y psicoanalistas excluían a la mayoría de los psicólogos de la práctica de la psicoterapia (Lafarga, 1982). En la siguiente década, los psicólogos y otros profesionistas empezaron a formarse como terapeutas. Desde entonces, muchos psicólogos tienen tanto celo profesional respecto al terapeuta que no comparte su profesión como el que tuvieron los médicos psiquiatras y psicoanalistas respecto a ellos. Sin embargo, actualmente muchos egresados de diversas licenciaturas han decidido cambiar de rumbo profesional y dedicarse a la psicoterapia. Un número notable de terapeutas empieza su formación en diversas instituciones de desarrollo humano. Algunas de estas instituciones admiten y certifican a todo aquel que pueda pagar la colegiatura, sin averiguar sobre el nivel de estudios previo, la dedicación o el proceso personal.

Por otra parte, no es posible defender a ultranza a los egresados de Psicología o Medicina como candidatos o profesionales de la psicoterapia. Las instituciones que ofrecen licenciaturas en psicología en nuestro país han proliferado en forma desmedida en los últimos veinte años e, inevitablemente, muchas son de dudosa calidad. Dependiendo de las corrientes teóricas que dominen cada escuela, los planes de estudio de cada licenciatura en psicología pueden ser o no relevantes para la posterior formación de psicoterapeutas.

La realidad es que el psicoterapeuta es un profesionista distinto del psicólogo o de cualquier otro. Así, muchos destacados terapeutas (y maestros de terapeutas) no son psicólogos ni médicos. Algunos no tienen título de licenciatura; pero, en cambio, tienen un vasto acervo de experiencia y un compromiso total con su propio proceso. Esto es cierto tanto en México como en el extranjero. En Europa, las universidades de algunos países como España, por ejemplo, optaron por reconocer a los que ya tenían determinado tiempo trabajando, independientemente de su profesión, y decidieron que en lo sucesivo sólo certificarían a psicoterapeutas con título de licenciatura o medicina. En Estados Unidos actualmente muchas universidades requieren el grado de doctor en psicología para dar la formación como terapeuta. De todas formas, cualquiera puede poner un consultorio y decir que da clases particulares, masajes o cualquier cosa.

Anti-intelectualización *vs.* reflexión

Ruitenbeek (1970, p. 234) señaló que "uno de los más grandes peligros (de las nuevas terapias de grupo, incluidas las psicocorporales) es la anti-intelectualización". En efecto, todavía hay grupos de entrenamiento en terapia psicocorporal en los cuales el énfasis en la experiencia emocional es tal, que cualquier pregunta de naturaleza emocional es mal vista o interpretada como defensa. Hay que darle su lugar y su tiempo tanto a lo emocional como a lo cognitivo. La investigación y la difusión responsable de constructos teóricos, métodos y técnicas hará que la disciplina progrese más allá de la inspiración de algunos iniciados. La cuidadosa revisión de los textos clásicos puede evitar que seamos sorprendidos por los plagiarios que "inventan" nuevas formas de trabajar. La celebración de congresos, simposios y coloquios romperá el "espléndido aislamiento" narcisista en el que viven muchas escuelas.

En resumen, dentro de la terapia psicocorporal, tanto en México como en otros países donde se practica, existe una gran diversidad en cuanto a nombres, sustentos teóricos, técnicas y estilos de trabajar y enseñar. Todavía tiene características del movimiento de los grupos de encuentro de mediados de la década de los 60, algunas de las cuales impiden la profesionalización del gremio. En nuestro país, la práctica y la enseñanza no pueden sustraerse de las influencias de un "mercado de las psicoterapias", de naturaleza cada vez más global, y debe encontrar caminos propios en estrecha comunicación con los desarrollos prácticos y teóricos de otros países, pero sin limitarse a abrir franquicias de los institutos fundados por éstos.

II

Antecedentes psicoanalíticos de la terapia psicocorporal

Los conceptos de Reich sobre la energía, el carácter y la unidad funcional de lo psíquico y lo somático, así como su forma de hacer psicoterapia, pueden encontrarse de manera esbozada en la obra de Freud y de otros dos psicoanalistas que mantenían comunicación con el maestro antes de que el joven Reich ingresara al movimiento psicoanalítico: Sandor Ferenczi y Georg Groddeck. Durante las primeras décadas del siglo, el tribalismo estaba presente tanto en la esfera política en forma de nacionalismo, como en la esfera de la psicología y la psicoterapia: los autores insistían en subrayar las diferencias entre grupos o escuelas antes que atender a las raíces comunes y a las obvias semejanzas.

Una lectura concienzuda a la obra de estos autores nos permitirá tener una perspectiva más justa de la obra de Reich, sus discípulos y seguidores, colocándola en un lugar en el que pueda continuar enriqueciéndose con el psicoanálisis contemporáneo a la vez que le aporte a éste sus hallazgos tanto sobre la dinámica y economía del carácter como sobre la técnica terapéutica. Aun sin practicar una forma de psicoterapia que involucre directamente al cuerpo, es posible lograr una comprensión más profunda del ser humano y del proceso terapéutico si se conocen los hallazgos de Reich y de sus seguidores.

Los métodos y las técnicas psicocorporales son vistos con escepticismo y desconfianza por aquellos que sólo los conocen superficialmente, porque los han oído mencionar, han leído algún libro sin despojarse de prejuicios o se han enterado de las fechorías de terapeutas mal preparados. La terapia psicocorporal hoy, como el psicoanálisis en la segunda década del siglo, padece la proliferación de terapeutas "silvestres" (como llamaba Freud a los improvisados que ejercían estas funciones), que se atreven a trabajar después de haber leído uno o dos libros y asistido a un taller de fin de semana.

La terapia psicocorporal parece, por lo menos, extraña; sus formas de trabajar despiertan todo tipo de fantasías si el conocimiento que se tiene de ellas es superficial. Cualquiera de las variantes de psicoanálisis contemporáneo parece muy alejada, en cuanto a su concepción del ser humano y a su forma de trabajar con los pacientes, de la terapia psicocorporal. Sin embargo, como veremos enseguida, en un principio no fue así.

Freud como terapeuta psicocorporal

Al buscar en la vida y obra de Freud los fundamentos del pensamiento reichiano, no puedo ser imparcial: la obra de Freud puede ser leída desde diferentes perspectivas, en el intento de encontrar fundamento para un desarrollo teórico o técnico, y los reichianos no somos la excepción. La obra de ambos es muy vasta, por lo que me limitaré a comentar los escritos y conceptos de Freud que con más frecuencia cita el propio Reich, además de aquellos que ayuden a ampliar, aclarar o profundizar en las concepciones de Reich sobre la energía y el carácter.

De la práctica clínica de Freud en las últimas décadas del siglo XIX a los usos y costumbres de los psicoanalistas ortodoxos hay una gran distancia. A quienes conocen la reserva de los psicoanalistas en el trato con sus pacientes les sorprende la lectura de *La histeria* (Freud, 1895). En esta obra, conocemos a un Freud que experimenta con diferentes técnicas. Hipnotiza, sugiere, ordena. Comunica sus inferencias de un modo más didáctico que interpretativo. Reporta la utilización del masaje con Frau Emmy, independientemente de sus sesiones de hipnosis (Freud, 1895, pp. 33-34), y bajo hipnosis ligera, con una cantante cuya contractura en los maseteros le impedía el ejercicio de su profesión, con lo cual la cura de inmediato (Freud, 1895;

1967, p. 97). Explora la pierna de Isabel de R. como lo haría cualquier facultativo (Freud, 1895, p. 79). El manejo del material emocional, sin embargo, no está exento de riesgos: el doctor Breuer hablaba tanto de su paciente Ana O., que su mujer se puso celosa (Jones, 1961, Vol. I, p. 128); después, cuando la misma paciente se retuerce con dolores abdominales y dice estar a punto de dar a luz a un hijo del doctor Breuer, éste decide abandonar el caso y pierde la oportunidad de encontrar la clave de la etiología de la histeria (Gay, 1988, pp. 93-94). Tanto él como Freud encuentran embarazoso que las pacientes, agradecidas, los abracen (Gay, 1988, p. 74). Las expresiones emocionales de las pacientes no son manejables para dos caballeros decimonónicos como Breuer y Freud.

De todas las técnicas que empleó Freud antes de usar la asociación libre, una en particular merece ser tratada con más detalle: al encontrar personas no hipnotizables, colocaba su mano en la frente de éstas, ejercía una ligera presión y les aseguraba que durante ella surgiría una imagen o un pensamiento. Para Freud, este procedimiento podría equivaler a una hipnosis momentánea, pero él prefería explicar que la técnica disociaba la atención de la persona de sus asuntos y reflexiones conscientes (Freud, 1895, p. 111). Hoy podríamos decir que tanto la hipnosis como la presión en la frente producen estados alterados de conciencia, en la medida en que difieren de la conciencia de vigilia habitual (Tart, 1975). Es evidente, también, que hacer contacto con la frente del paciente puede recordar un contacto muy temprano con la madre, toda vez que ésta sostuvo la cabeza del niño, lo acarició y peinó, etcétera. En todo caso, ni el masaje, ni la presión en la frente fueron analizados como fuentes de asociaciones independientes de la comunicación verbal, y de ahí en adelante el psicoanalista se abstendría del contacto físico con sus pacientes, a no ser por el saludo convencional.

Ni siquiera un revolucionario como Freud pudo escapar a su tiempo: expuso la sexualidad soterrada de la burguesía vienesa, pero confesó a su corresponsal Fliess vivir en la abstinencia (Gay, 1988, p. 85); creó una forma de tratar la neurosis y reprendió enérgicamente a su discípulo Sandor Ferenczi por saludar besando a sus pacientes. Su biógrafo Jones (1961, Vol. I, pp. 13, 141) lo califica de casto y puritano, y relata que le prohibió a su mujer el contacto con una amiga que "se había casado antes de la boda". Tal vez escuchar relatos de fantasías incestuosas y tener al mismo tiempo algún contacto físico con las pacientes era demasiado para Freud, o incluso para la mayoría de los centroeuropeos de su tiempo. Recordemos que Canetti (1987, p. 9), otro residente de Viena, nos habla del temor a ser tocado que imperaba en su cultura.

Las razones que hayan impulsado a Freud a no tocar y a recomendar a sus seguidores no tocar a sus pacientes son sin duda más complejas de lo que sugieren estas líneas. Lo cierto es que en los primeros intentos terapéuticos de Freud encontramos procedimientos que el psicoanálisis abandonó y que otras formas de hacer psicoterapia han capitalizado. Éste es el caso de la hipnosis, de las intervenciones "didácticas" de Freud y del contacto físico con los pacientes.

La utilización de estas técnicas estaba estrechamente ligada a la idea de que los síntomas eran producidos por traumas. En *La histeria* (1895), Breuer y Freud explicaron la patogénesis de la histeria mediante el concepto de trauma psíquico que definieron en términos de "el sobresalto (...): cualquier suceso que provoque los afectos penosos del miedo, la angustia, la vergüenza o el dolor psíquico".

Inherente al concepto de trauma existe la suposición de que el aparato psíquico debe evitar la sobrestimulación, y la forma más sencilla es la descarga motriz inmediata (Gedo y Goldberg, 1973, p. 51). Si por algún motivo la persona se ve sobrestimulada y al mismo tiempo es imposibilitada la descarga, ya sea por incapacidad de la persona o debido a circunstancias externas, nos encontraremos con un trauma psíquico. Según este modelo, los recuerdos traumáticos se reprimen y, eventualmente, producen síntomas. En un proceso terapéutico, al emerger recuerdos reprimidos a la conciencia se liberaba cierta cantidad de energía atada al síntoma y éste desaparecía. En *La histeria*, Breuer y Freud destacaron que los recuerdos carentes de afecto no eran capaces de aliviar los síntomas y afirmaron que la pérdida de afecto de un recuerdo dependía, sobre todo, de la reacción enérgica del sujeto. El método catártico de Breuer se basaba precisamente en el supuesto de que la descarga de los afectos contenidos en los recuerdos traumáticos, era condición necesaria para la desaparición de síntomas.

Cuando releemos esta obra, conocemos a un Freud que realiza funciones detectivescas, interrogando a sus pacientes hasta encontrar el recuerdo traumático que originó el síntoma.

Con el tiempo, la hipnosis y el método catártico de Breuer cedieron su lugar al psicoanálisis. La asociación libre, pilar de la terapia psicoanalítica, fue un instrumento más adecuado para hacer consciente lo inconsciente, pero no siempre propicio la expresión de las emociones. Once años después de la publicación de *La histeria*, en *La sexualidad en la etiología de las neurosis*, Freud había "debido abandonar (...) la acentuación del elemento *traumático* en vista del número desproporcionado de casos" en que los histéricos recordaban haber sido víctimas de abuso sexual en los primeros años de su vida (1906, p. 949). En cambio, propuso que los pacientes creaban fantasías mnésicas, con las que se defendían de su propia sexualidad. Si las fantasías sexuales ocuparon el lugar de los traumas en la etiología de la histeria, el énfasis del tratamiento pasó de descargar el afecto producido por la situación traumática, a hacer consciente lo inconsciente. A pesar de esto, nunca abandonó por completo la idea de que, al menos en algunas ocasiones, los sucesos penosos pueden producir trastornos emocionales, según se desprende de un escrito tan poco clínico como el *Moisés* (Freud, 1938, p. 135):

> Nuestra investigación ha establecido que los denominados fenómenos (síntomas) de una neurosis son consecuencia de determinadas vivencias e impresiones, que por eso mismo consideramos como traumas etiológicos.

La idea de que gran parte de los trastornos emocionales se origina en situaciones dolorosas que ocurrieron en los primeros años de la vida y, consecuentemente, que la labor más importante del terapeuta es ayudar a sus pacientes a recuperar esos recuerdos y a descargar las emociones correspondientes, ha seguido teniendo adeptos. En el psicodrama de Moreno, con frecuencia se representan precisamente las vivencias más traumáticas de la vida de las personas. Muchas técnicas corporales como la respiración profunda, la hiperventilación y diferentes tipos de masaje, así como las técnicas hipnóticas o de fantasía dirigida, propician el recuerdo de situaciones penosas y la correspondiente descarga emocional. Pero el abuso de estas técnicas, la avidez de los terapeutas mal preparados y la susceptibilidad de algunos pacientes a la sugestión, pueden producir una recuperación de falsos recuerdos.

Recientemente, la búsqueda de traumas ha llegado a extremos ridículos. En la terapia de recuperación de la memoria, la cual se practica en Estados Unidos desde principios de la década de los 90, los terapeutas presionan a sus pacientes de modo más o menos burdo hasta que recuerdan haber sido víctimas de abuso sexual. E. Sue Blume, autora de un libro de autoayuda respecto al abuso sexual temprano, citada en la revista *Time* (Jarof, nov. 23, 1993), afirma que es posible que más de la mitad de todas las mujeres sean sobrevivientes de un trauma sexual infantil. Un terapeuta dice haber tratado a más de 200 víctimas de abuso sexual en el contexto de rituales satánicos; otro afirma haber ayudado a 70 personas que han recuperado el recuerdo de ser secuestradas por extraterrestres. Descargar las emociones producidas al recordar sucesos reales o fantásticos puede proporcionar cierto alivio a corto plazo, pero una terapia que sólo busca recuperar recuerdos traumáticos corre el riesgo de acentuar los aspectos más dolorosos de la vida de los pacientes. El riesgo es aún mayor si el terapeuta, ansioso de encontrar casos espectaculares e ignorante en materia de psicopatología y fantasías inconscientes, propicia la aparición de falsos recuerdos traumáticos.

El psicoanálisis, como método de investigación (que no necesariamente como método terapéutico), ganó al clarificar sus parámetros restringiendo al paciente al diván y al terapeuta a escuchar atentamente y abstenerse de expresar sus valores personales. Lo que el trabajo analítico perdió en flexibilidad, le permitió ahondar en dos fenómenos fundamentales para la comprensión no sólo de los procesos terapéuticos, sino de las relaciones humanas en general: la resistencia y la transferencia.

En un principio, el psicoanálisis trataba de que los pacientes asociaran recuerdos con base en sus síntomas. Eventualmente todo lo que sucedía en la relación terapéutica fue considerado como material analizable. La libre asociación, más que un método para curar, se convirtió en un método para que el paciente se conociera a sí mismo a la vez que alimentaba la insaciable hambre de conocimiento del padre del psicoanálisis. Con el fin de hacer consciente lo inconsciente, se analizaban síntomas, sueños y equivocaciones en el lenguaje. Cualquier cosa podía ser pretexto para que el paciente asociara libremente de modo que afloraran los contenidos inconscientes que los provocaban.

Basado en sus estudios de la histeria, Freud describió dos fenómenos que quizá se oponían al progreso del análisis, pero que en sí podían ser analizables: la transferencia, en la cual los pacientes experimentaban hacia el analista sentimientos conectados con deseos infantiles, y las resistencias, fuerzas que se oponían a la exploración del inconsciente y, por lo tanto, al progreso del análisis. Así, todo lo que el paciente comunicaba en sus sesiones era material analizable. Fueron precisamente las resistencias que el paciente oponía a la libre asociación, junto con el hecho de que hacer consciente lo inconsciente no siempre "curaba" al paciente, lo que llevó a Reich a pasar del psicoanálisis al análisis de las resistencias y, posteriormente, a darse cuenta de que estas resistencias estaban organizadas de un modo típico en cada paciente, de conformidad con su carácter. También la transferencia asumía una forma típica en cada individuo. Así, Reich pasó del análisis indiscriminado del "material" que surgía en las sesiones al análisis de las resistencias, y de éste al análisis del carácter. Al hacerlo desarrolló, como veremos más adelante, toda una teoría de formación del carácter.

El psicoanálisis como forma de entender la relación cuerpo-mente

Freud se abstuvo de tocar a sus pacientes y desarrolló una forma de hacer psicoterapia en la cual, además del saludo convencional, las únicas intervenciones lícitas del analista eran verbales, pero nunca dejó de preocuparse por el lenguaje de los gestos. Al respecto, sostuvo:

> El que tenga ojos para ver y oídos para oír, se convencerá de que los mortales no pueden guardar ningún secreto. Si la boca está en silencio,

murmuran con la punta de los dedos; la traición se abre camino por todos los poros de la piel. (Gay, 1988, p. 293).

Si el Freud clínico fue evidentemente un agudo observador de lo no verbal, el Freud teórico formuló hipótesis sobre la relación entre lo psíquico y lo corporal, colocando siempre a la mente en un papel protagónico. El propio Freud le confesó a Jones (1961, Vol. I, p. 55) su preferencia:

> Son diversas las razones por las cuales los judíos han sufrido un desarrollo unilateral y son más admiradores del cerebro que del cuerpo, pero si yo tuviera que elegir entre lo uno y lo otro, colocaría también a la inteligencia en primer término.

Sin embargo, a pesar de esta preferencia, creó una teoría centrada en la motivación, la cual postula la existencia de impulsos que nacen del organismo (Gill, en Gill y Rapaport, 1962, p. 24).

En la extensa obra de Freud encontramos, explícita o implícitamente, una enorme cantidad de referencias a la relación entre lo psíquico y lo somático. Estas relaciones se crean en el contexto de los diferentes "modelos de la mente" que Freud propuso en distintas épocas. Es difícil sistematizarlas, ya que como señala Rapaport (en Gill y Rapaport, 1962 p. 118), las fases más tempranas de la teorización psicoanalítica persisten en las posteriores y, a su vez, las tardías están hasta cierto punto anticipadas en las primeras. Para los fines que persigue este trabajo comentaré las teorizaciones respecto a la naturaleza de los afectos y sus posibilidades de descarga, el papel de los impulsos en la formación de rasgos de carácter y la relación de las instancias psíquicas con el cuerpo.

Desde su primer trabajo sobre la histeria, Freud (1895, p. 25) estableció la relación entre ciertos recuerdos cargados de afecto y una gran cantidad de síntomas como neuralgias, anestesias, contracturas, ataques epileptoides, etcétera. De este modo describió cómo algo "mental", un recuerdo, una imagen, una representación, producía algo "corporal": un *síntoma*.

Los síntomas también podían producirse cuando se acumulaba energía "somática", como en el caso de la neurosis de angustia. En este trastorno, la insatisfacción sexual producía una serie de síntomas típicos como perturbaciones de la respiración, de la actividad cardíaca y temblores, entre otros. En ambos casos, la acumulación de la excitación, al no elaborarse psíquicamente, daba lugar a procesos somáticos anormales. La diferencia estaba en que, en el caso de la histeria, la excitación era provocada por una representación "mental", y en la neurosis de angustia la causa era la abstinencia (Freud, 1894; 1895, p. 192). El caso es que el exceso de energía que no se elaboraba psíquicamente ni se descargaba por las vías "normales" era, de alguna manera, tóxico.

Gedo y Goldberg (1973) consideran que dentro del psicoanálisis son posibles diversas construcciones teóricas. Ninguna de ellas puede dar cuenta de todos los fenómenos observables en la clínica. El más simple de los "modelos de la mente", con los cuales ellos tratan de categorizar los datos clínicos obtenidos mediante el método psicoanalítico, es el "arco reflejo". El supuesto de esta construcción es que la principal función del aparato psíquico es evitar la sobrestimulación, y la forma más simple de hacerlo es la descarga. Se trata de un modelo simple, primitivo, que no necesita proponer la existencia de una psique estructurada para explicar una serie de fenómenos. Está en íntima relación con la idea, ya discutida, de que los padecimientos son producidos por traumas. Con este modelo simplista (pero útil en el corto plazo), la psicoterapia se reduce a ayudar al paciente a descargar todo exceso de energía producido por situaciones dolorosas, pasadas o presentes. Como cualquier modelo, el del arco reflejo es suficiente para explicar algunos fenómenos que se observan en el consultorio.

En efecto, el problema de algunas personas, a las que se podría calificar en general de "inhibidas", es una descarga insuficiente. Esta inhibición de la descarga puede ser general (de manera que la persona sea incapaz de cualquier expresión de afectos) pero es más frecuente que esté circunscrita a ciertos impulsos. En esos casos, propiciar que el paciente descargue sus emociones en la terapia puede ser muy positivo. Sin embargo, con este modelo se reduce al ser humano a una especie de "olla express", cuyo único problema es la intensidad del fuego que la calienta y la insuficiencia de la válvula para dejar salir la presión.

En general, el psicoanálisis se distanció de este modelo, considerándolo "preanalítico". La catarsis perdió importancia y el énfasis del tratamiento recayó en hacer consciente lo inconsciente. En la medida en que la *psicología del Yo* se volvió más importante que la *psicología del ello* (Gill, 1954, en Gill y Rapaport, 1962, p.34), seguía siendo fundamental evitar la sobrestimulación, pero mediante la elaboración psíquica, enlazando las representaciones inconscientes con representaciones verbales y fortaleciendo al Yo.

La terapia psicocorporal retomó muchas de las ideas que perdieron importancia en la teoría y la práctica de los primeros tiempos del psicoanálisis. En esta forma de trabajo con frecuencia se habla de descargar, liberar emociones o energía. Pero si la terapia se basa sólo en un modelo de "arco reflejo", el trabajo del terapeuta se limita a ayudar a sus pacientes a descargar los afectos percibidos como "negativos", como si se tratara de una herida infectada que fuera necesario abrir para supurar.

El modelo del "arco reflejo" es la formulación más sencilla de otra construcción teórica, presente en las diferentes etapas de la teoría psicoanalítica, a la cual podemos llamar el modelo del conflicto. Supone la existencia de impulsos que buscan su descarga y de fuerzas que se oponen a la salida de los impulsos.

En *El carácter y el erotismo anal* (1908), encontramos una versión más compleja del modelo del conflicto. En este escrito, Freud sienta las bases para comprender cómo los rasgos de carácter resultan de la forma en la que se han manejado los impulsos instintivos. Encuentra que ciertas personas, en quienes son evidentes las cualidades de tenacidad (en ocasiones cercana a la obstinación), preocupación por el orden hasta el más mínimo detalle y tendencia al ahorro (que puede llegar a la avaricia), con frecuencia tuvieron problemas para controlar sus evacuaciones. Considera que la pulcritud, el orden y la escrupulosidad son formaciones reactivas contra el interés en lo sucio y desordenado. De esta manera, deduce una relación entre las vicisitudes del entrenamiento en el control de la evacuación y ciertos rasgos de carácter, que ha sido llamado obsesivo, compulsivo o anal. Al final de este ensayo, el autor se pregunta si será posible relacionar otras constelaciones de rasgos de carácter con la excitación de otras zonas erógenas. Para concluir, Freud ofrece una generalización: los rasgos de carácter pueden ser continuaciones de impulsos, formaciones reactivas contra los impulsos o sublimaciones de impulsos. De este modo describió cómo algo corporal (en este caso la tensión en un esfínter) podía producir algo psicológico: rasgos de carácter.

En esta teorización encontramos de nuevo un conflicto entre los impulsos y las defensas, sólo que ahora éstas se organizan en formas de comportamiento habituales que, en conjunto, definen el carácter. La relación entre zonas erógenas y los rasgos de carácter fue abordada por Abraham (1927). En su *Análisis del carácter*, Reich (1949, capítulo VII) continuó con esta línea: analizó las circunstancias en que la supresión de los impulsos da lugar a diferentes tipos de caracteres, describe algunos de ellos y propone, conforme a su modelo, una forma de tratarlos.

Hasta aquí tenemos dos versiones del modelo del conflicto:

En la primera, el modelo del arco reflejo, la función de la *psique* es evitar la sobrestimulación, que de alguna manera es tóxica, mediante la descarga. Considerada en términos de relación entre el cuerpo y la psique, este modelo explica la manera en que algo "mental", como una representación inconsciente, puede producir algo físico, un síntoma.

En la segunda, el conflicto entre descargar o no un impulso origina una organización permanente del carácter, considerado como algo psíquico. En ambos casos se plantea el conflicto entre el impulso y la defensa, que es también un conflicto entre la mente y el cuerpo.

En 1923, en *El Yo y el Ello*, Freud definió tres instancias psíquicas sujetas a diferentes principios y con funciones diversas. Por proponer una organización mental compuesta de tres estructuras, esta construcción teórica ha sido llamada modelo estructural o modelo tripartito (Gedo y Goldberg, 1973). Como las tres instancias psíquicas tienen funciones encontradas, el modelo tripartito es también un modelo de conflicto intrapsíquico.

El modelo tripartito es otra formulación de la relación cuerpo-mente. Cada una de las instancias psíquicas tiene relación con diferentes funciones corporales.

En el Ello se origina toda la energía, incluso la utilizan las otras instancias. Para Groddeck, quien influyó en la formulación de Freud, el Ello es también el organizador de las funciones corporales inconscientes, una especie de mecanismo de auto-regulación interno que obedece a factores emocionales. De este modo, el Ello incluiría, a nivel corporal, lo que en el cuerpo hay de espontáneo, involuntario, inconsciente y energía acumulada que se descarga sin demora.

En la medida en que la persona se observa a sí misma y es capaz de diferenciar las sensaciones que vienen del interior de su cuerpo de los estímulos que proceden del exterior, el Yo se va diferenciando del Ello. El Yo también controla el movimiento deliberado. De este modo, el Yo incluye a las funciones corporales de senso-percepción y movimiento consciente y propositivo.

El superyo, en la medida en que resulta de una identificación con el padre, implica la adopción de actitudes corporales de este. Freud (1932, p. 27) también destaca la importancia de las impresiones auditivas (en forma de prohibiciones y órdenes) en el origen del superyo.

Georg Groddeck y Sandor Ferenczi: dos intentos de incluir al cuerpo en la terapia psicoanalítica

El 27 de mayo de 1917 Georg Groddeck, médico y propietario de un sanatorio en Baden-Baden (Alemania), inició un intercambio de correspondencia con Freud. Por aquel entonces, Groddeck gozaba de considerable reputación, incluso fuera de los países de habla alemana, por su habilidad para tratar enfermos incurables. El método de Groddeck era poco convencional: recetaba baños (Baden-Baden es un balneario donde brotan aguas medicinales), masajes que muchas veces aplicaba él mismo y dietas; pero, ante todo, exigía a sus enfermos una absoluta sumisión a las prescripciones del médico, por absurdas que les parecieran. Aun dentro de su autoritarismo prusiano, podía ser amable y afectuoso con los enfermos y nunca recibió en su clínica más pacientes de los que podía atender personalmente. El médico de Baden-Baden era partidario de las ideas y métodos de su maestro Schweninger, quien gozó de enorme fama por haber contado entre sus pacientes al canciller alemán Otto Von Bismark. Schweninger y su discípulo, Groddeck, pensaban que el papel del médico era remover los obstáculos que el paciente ponía a su restablecimiento, ya que la verdadera sanación era obra de la naturaleza.

Muy temprano en su vida, al darse cuenta de los privilegios de que gozaba su hermana por estar enferma (Grossman y Grossman, 1965, pp. 15-16), Groddeck entendió lo que ahora llamaríamos los beneficios secundarios de la enfermedad: los pacientes, o una parte desconocida de ellos, necesitaban enfermar para obtener atención o evitar alguna actividad desagradable o amenazante. Más tarde, como médico, aplicó este principio a la sanación. Su papel era quitar los obstáculos que el enfermo ponía para que la energía interna que había producido los síntomas retornara al cauce de la salud.

En un primer momento Groddeck atacó, sin conocimiento, al psicoanálisis (Grossman y Grossman, 1965, pp. 47-48). Posteriormente, la lectura de los escritos de Freud lo llevó a refinar sus propios conceptos sobre salud y enfermedad, incorporar algunos conceptos psicoanalíticos y describir una entidad, a la cual llamó Ello, que gobernaba nuestra vida psicosomática. En su primera carta, Freud se disculpa por su juicio prematuro respecto al psicoanálisis, manifiesta su agradecimiento por lo que ha aprendido de éste y comparte con él su concepción fundamental:

> Mucho antes de 1909 había arraigado en mí la convicción de que la distinción entre el cuerpo y el alma no era más que una distinción nominal e inesencial, y que el cuerpo y el alma constituyen una cosa común, que en ellos se encierra un Ello, una fuerza por la que somos vividos mientras creemos que somos nosotros los que vivimos. El Ello, que está misteriosamente relacionado con la sexualidad, con el Eros o como quiera que se desee llamarlo, forma lo mismo la nariz que la mano del hombre, y configura de la misma manera sus pensamientos y sentimientos; se manifiesta tan pronto como una inflamación pulmonar o un cáncer, que como una neurosis compulsiva o una histeria, y así como la actividad del Ello que aparece en la histeria o en la neurosis constituye el objeto del tratamiento psicoanalítico, así también lo debe constituir el fallo cardíaco o el cáncer (Groddeck a Freud, 27 de mayo de 1917).

La respuesta de Freud fue cordial y aceptante en lo general. Los dos hombres intercambiaron cartas irregularmente hasta 1934 y se encontraron algunas veces; Groddeck siempre admirador, en espera de aprobación, y Freud afectuoso, paternal. No sólo Freud influyó en Groddeck, sino que este último se permitió tomar el término "ello" sugerido por aquél, y le dio el crédito debido al formular el punto de vista estructural en *El Yo y el Ello* (Freud, 1923). Sin embargo, desde su respuesta, el 5 de junio de 1917 el maestro dejó claro un desacuerdo fundamental:

> ¿Por qué desde su bonita base se arroja usted a la mística, suprime la diferencia entre lo anímico y lo corporal, y se aferra a teorías filosóficas que no vienen al caso? Sus experiencias no conducen sino al reconocimiento de que el factor psic. tiene una importancia insospechadamente grande, incluso respecto a la aparición de enfermedades orgánicas. Pero, ¿el hecho de que produzca estas enfermedades afecta de algún modo la diferencia entre lo anímico y lo corporal? Tan petulante me parece atribuir un alma a la naturaleza, como desespiritualizarla radicalmente. Dejémosle con su grandiosa diversidad que de lo inanimado asciende a la vida orgánica, y de la vida corporal a lo anímico. Es cierto que el inconsciente constituye la auténtica mediación entre lo corporal y lo anímico, acaso el tanto tiempo buscado "*missing link*" [eslabón perdido]. Mas que al fin lo hayamos descubierto, no nos permite ir más lejos.

El desacuerdo duró tanto tiempo como la relación entre ellos. Freud insistió en el dualismo, y en el rechazo o reducción racional de lo místico; Groddeck en la unidad fundamental del cuerpo y la mente.

La falta de tacto de Groddeck, y el consecuente rechazo que produjo en la mayoría de los psicoanalistas, hicieron, según sus biógrafos, Carl y Sylva Grossman (1965), que la mayoría de sus intuiciones no fueran debidamente valoradas durante su vida. Se le ha considerado padre de la medicina psicosomática y pionero del parto natural, y quienes conozcan la literatura sobre terapia psicocorporal no pueden sino asombrarse al encontrar líneas que pudieron haber escrito Reich o sus seguidores. Por ejemplo, en su segunda carta a Freud, Groddeck confiere al inconsciente capacidad de condicionar "el andar, los movimientos y la figura de las manos o modificar de tal manera la química del organismo humano que lo vuelva lábil a las bacterias".

En *El libro del Ello*, Groddeck (1923, p. 44) deduce, a la manera de Lowen o Pierrakos, cómo nuestro pasado es evidente en nuestras acciones cotidianas:

> Nuestros pequeños hábitos de andar, estar echados, hablar, nos acompañan ininterrumpidamente, de modo que a cualquiera que quiera verlo le delatan: he ahí un niño.

O relaciona la contracción de los músculos con la represión:

> Piense usted en alguna cosa que le interesa muchísimo; por ejemplo, si se va a comprar un nuevo sombrero o no. Y ahora trate repetidamente de reprimir el pensamiento en el sombrero. Si usted se ha imaginado un sombrero muy bonito, que le va a caer muy bien y lo envidiada que será por ello, no le va a ser posible reprimir este pensamiento sin llegar a contraer los músculos abdominales. Quizá colaboran también otros músculos en el esfuerzo; la parte superior del vientre lo hará con seguridad. Esta región colabora siempre en la tensión más pequeña. La consecuencia de todo esto es, con necesidad, una alteración de la circulación, por pequeña que ésta sea. Y esta alteración se comunica mediante los nervios simpáticos con otras regiones del organismo: primero, naturalmente, a las más cercanas como son los intestinos, el estómago, el hígado, el corazón, los órganos respiratorios. Usted puede imaginarse esta alteración tan pequeña como quiera, pero está ahí. Como está ahí, y como alcanza a toda clase de órganos, interviene inmediatamente en toda una serie de procesos químicos de los cuales ni el más sabio comprende casi nada. Pero que estos fenómenos tienen lugar, esto lo sabe muy bien; y lo sabrá tanto mejor cuanto más se haya ocupado de la psicología. Ahora imagínese usted un fenómeno de por sí sin importancia como el descrito, repetido diez veces al día. Y luego dele usted más tiempo y más intensidad al esfuerzo. Suponga usted que tal esfuerzo dura horas enteras, días enteros, y que son muy cortos los momentos de relax de las regiones abdominales. ¿Le resultará todavía difícil a su fantasía imaginarse una relación entre las represiones y las dolencias orgánicas? (Groddeck, 1923, pp. 167-168).

Lo extenso de la cita da una idea de la forma y contenido de la más conocida de las obras de Groddeck. *El libro del Ello* fue escrito en forma de cartas a una amiga imaginaria que quiere aprender de psicoanálisis. Las entregas fueron calificadas por Freud como "encantadoras", "irresistibles" (Freud a Groddeck, 17 de abril de 1921) o "fascinantes" (Freud a Groddeck, 27 de agosto de 1921) y apoyó su publicación en la editorial del psicoanálisis.

Ya en las conferencias que Groddeck daba a los enfermos de su sanatorio, algunas de las cuales aparecieron en publicaciones póstumas, encontramos interpretaciones "psicológicas" de enfermedades "orgánicas" y tentativas de identificar modos de estar en el cuerpo con actitudes ante la vida. Llama la atención, en particular, la descripción que hace de un tipo de carácter en su conferencia del 16 de noviembre de 1916:

> Cuando uno quiere pensar con precisión, cuando quiere aplicarse, se produce en el cuerpo una transformación mecánica: el ser humano contrae los músculos superiores del vientre. La respiración se bloquea y la parte superior del cuerpo es mantenida en posición recta, por esto los ejercicios al aire libre, y en todo tipo de movimientos gimnásticos, se presta atención al hecho de respirar correctamente. Hay quien no necesita dominarse; todo le resulta indiferente, no tiene emociones, no tiene necesidad de dominarse a sí mismo: puede ofrecerse tal como es. Pero hay también a quien el menor pecadillo conmueve y emociona y debe tratar de reprimir estas emociones, de no mostrarlas, de impedirles que lleguen a la conciencia. Estos últimos son los seres mejor dotados. Pasan toda su vida con la mitad superior del vientre contraída. Es sorprendente que un altísimo número de personas tengan sobre el vientre una arruga transversal; ésta se ha formado porque esos seres han debido dominarse estrictamente. Ellos no son conscientes, en absoluto; se han acostumbrado desde la infancia. Ya no tienen conciencia de lo que hacen; ese es su estado normal: jamás se abandonan.[1]

---

[1] Groddeck dictó "conferencias psicoanalíticas" en su sanatorio entre 1916 y 1919. Las primeras 32, que datan de 1916 y 1917, fueron publicadas en francés, en 1978.

Más de medio siglo después, en su *Bioenergetics*, Lowen (1975, pp. 166-167) describiría así la estructura rígida del carácter:

> El concepto de rigidez deriva de la tendencia de estos individuos a mantenerse tiesos con orgullo. Así, la cabeza se mantiene elevada y la columna vertebral derecha. Estos serían rasgos positivos, a no ser por el hecho de que el orgullo es defensivo, la rigidez inflexible. El carácter rígido está en guardia de modo que los demás no tomen ventaja, abusen de él o lo atrapen. Su estado de alerta toma la forma de retener los impulsos de abrirse y buscar. Retener también significa detener [contener] en la espalda. La capacidad de retener surge de un ego fuerte con un alto grado de control sobre la conducta. También está apoyado por una fuerte posición genital, de modo que ancla a la persona en ambos extremos del cuerpo, asegurando un buen contacto con la realidad. Desafortunadamente, el contacto con la realidad es usado como defensa contra la búsqueda del placer y éste es el conflicto subyacente de la personalidad.

Al leer a Groddeck, uno no puede menos que preguntarse: ¿de qué manera influyó en Reich? ¿Tomó éste algunas ideas del médico de Baden-Baden para elaborarlas y sistematizarlas en *Análisis del Carácter*? El propio Reich sólo le dedica algunas líneas a *El libro del ello*, de Groddeck, en el capítulo III de *La función del orgasmo*. En este apartado, Reich habla de los antecedentes de su obra, siempre considerando que se quedaron cortos en la comprensión de la enfermedad. Cataloga la obra dentro de las que "psicologizan lo somático", es decir, entre las que colocan a lo psicógeno y lo somatógeno en extremos opuestos. Considera a la obra "plagada de ejemplos" de la relación entre los deseos inconscientes y las enfermedades, pero sólo le concede la razón "de cierta manera" porque, en su opinión, no especifica de qué modo se relacionan lo psíquico y lo somático (Reich, 1948, pp. 62-63). Tal vez la lectura que hizo Reich de Groddeck no fue tan cuidadosa como podría esperarse. El propio estilo de Groddeck provocaba que no se le tomara muy en serio. Reich no pudo tener acceso a la correspondencia Freud-Groddeck o a sus conferencias, en las cuales expresaba con más precisión la identidad del psíquico y lo corporal. En todo caso, el mérito que le otorga parece poco. Ninguno de los biógrafos o estudiosos de la obra de Reich

(Ollendorff, 1969; Raknes, 1970; Rycroft, 1971; Sinelnikoff, 1971; Boadella, 1973; Sharaf, 1983) menciona siquiera a Groddeck.

El doctor John Pierrakos[2], quien fuera discípulo de Reich, no recuerda que éste hablara alguna vez de él, pero añade que no solía hablar más que de los psicoanalistas que. consideraba lo habían atacado, con la excepción de Freud, para quien siempre tuvo palabras elogiosas. La percepción de Pierrakos coincide con la del propio Reich, cuando fue entrevistado por Eissler (publicada en 1967). De este modo, si Reich conoció más a fondo las ideas de Groddeck por otros psicoanalistas o por una lectura cuidadosa de algún trabajo publicado en el *Zeitschift*, la revista de la Asociación Psicoanalítica, no le concede mayor mérito. Tal vez la influencia de Groddeck en Reich se dio indirectamente mediante Sandor Ferenczi quien, como veremos, se relacionó con Groddeck personal y profesionalmente. Ferenczi tuvo siempre una buena opinión de Reich, al grado de recomendarlo como analista y supervisor (Sharaf, 1983, p. 81). También le influyó a tal grado que, después de Freud, es el autor más citado, la mayoría de las veces expresando coincidencia con sus puntos de vista, en su *Análisis del carácter*.

Ferenczi, que ejercía como psiquiatra en Budapest, conoció a Freud en enero de 1908. Rápidamente, su relación se hizo más estrecha (Gay, 1988, pp. 222-223). En 1912, Ferenczi y Jones formularon la propuesta de crear el comité, ese pequeño círculo de incondicionales que se formó en torno a Freud, con el objeto de darle seguridad y apoyo, en la época en que Adler se había separado de la Sociedad Psicoanalítica y la relación con Jung era cada vez más difícil. Freud (según Jones, 1961, p. 166) se entusiasmó ante la "idea de constituir un consejo secreto, compuesto por los hombres mejores y de más confianza con que contamos". Integraban el grupo Karl Abraham, Ernst Jones, Hans Sachs, Otto Rank y el propio Ferenczi. Este último era, según Jones (1961, p. 169-170), "el mayor, el más brillante y el que se hallaba en una relación más íntima con Freud", y añade que era "un analista altamente dotado, con un notable olfato para las manifestaciones del inconsciente, y en lo personal entusiasta,

---

[2] Pierrakos, J., comunicación personal, 21 de septiembre de 1990.

idealista y con una necesidad insaciable de ser amado". Este rasgo hizo que su estrecha relación con Freud no estuviera exenta de dificultades. En lo personal, el maestro encontraba empalagosa la excesiva admiración de su alumno, quien insistía en verlo como a un padre (Gay, 1988, pp. 222, 223). Por otra parte, a Freud siempre le atrajeron las personas de "imaginación audaz y sin freno (Jones, 1961, p. 170), lo cual explica la predilección que, en diferentes grados, sintiera por personas como Fliess, Jung, Groddeck, Ferenczi o el propio Reich. La "audacia imaginativa" de estos hombres pudo haber sido estimulante para Freud al principio de su relación con ellos, pero a la larga contribuyó a su distanciamiento con cada uno de ellos.

Desde la mitad de la década de 1910, Ferenczi ensayó variantes poco ortodoxas del psicoanálisis clásico. Clara Thompson (1950, pp. 191-197), quien fuera su paciente, considera que las innovaciones de Ferenczi pueden comprenderse mejor dividiéndolas en dos fases; en la primera, la cual empezó alrededor de 1916, experimentó con técnicas activas que tenían como objetivo privar a los pacientes de vías de descarga. Desde 1927 se volvió más tolerante, y trató de proporcionar a sus pacientes una atmósfera de aceptación. A esta variante le llamó terapia de relajación.

Ferenczi siempre consideró a las técnicas activas como un auxiliar del método ortodoxo. En retrospectiva (Ferenczi, 1926), consideró que la terapia activa consistía en pedir a los pacientes "además de las asociaciones libres, que actuaran de determinada manera". En esencia, las técnicas activas implicaban prohibir a los pacientes diferentes tipos de gratificación. Por ejemplo, en 1919, Ferenczi reportó que una paciente presentaba diversas formas de "onanismo larvado" como cruzar las piernas, estrujar y manosear diversas partes de su cuerpo e incluso, la necesidad de orinar antes o después de la sesión; al cerrar "las vías anormales de descarga", la sexualidad de la paciente "encontró por sí misma, sin otra ayuda, el camino hacia la zona genital normal". Al parecer, con este procedimiento pretendía:

> Cortar la excitación psíquica de las vías inconscientes de descarga, con el fin de superar, por medio de esta "elevación de presión" energética, la resistencia de la censura. (1919, en Ferenczi, 1966, pp. 154-161).

Según Thompson (1950), las prohibiciones a los pacientes no se limitaban a las sesiones analíticas: exigía al paciente que renunciara a toda satisfacción sexual, que limitara la frecuencia de su micción y que dejara de comer o beber por puro placer.

Algunas escuelas de terapia psicocorporal han recurrido precisamente a "elevar la presión" con objeto de vencer las resistencias. La terapia bioenergética, por ejemplo, prescribe posturas que producen estrés, y con frecuencia el paciente es exhortado a llegar al límite de su resistencia, o incluso a más.

La "elevación de la presión" alcanzó su máxima expresión en la Terapia Primal de Janov (1970, 1972), quien hacía que sus pacientes permanecieran solos, en un cuarto de hotel, sin ningún contacto con el mundo exterior durante tres semanas. Sólo podían salir para acudir a sus sesiones.[3]

Por supuesto, la elevación de la presión produce emociones muy violentas. Muchas personas se sienten bien después de descargar algo de tensión y además tienen acceso a material inconsciente que, de otra manera, tardaría más en emerger o quizá nunca alcanzaría la conciencia. Pero, como ya apuntó Thompson (1950, pp. 168-169), las emociones que así se producen pueden tener poco o nada que ver con las emociones reprimidas, y los pacientes pueden aceptar reglas, pero también guardar resentimiento hacia el terapeuta que las impone. En efecto, las técnicas que persiguen "elevar la tensión" producen resultados espectaculares que ganan adeptos entusiastas de estos métodos, pero el abuso de ellas produce detractores.

Para Ferenczi, estos procedimientos eran una continuación de la línea de Freud, quien aconsejó transformar la tendencia a repetir en la capacidad de recordar. Pero las técnicas activas no sólo implicaban prohibir ciertas conductas: en ciertos casos era necesario no sólo permitir, sino estimular la tendencia a la repetición. En el Congreso de la Haya, Ferenczi (1920) reportó el uso de técnicas activas en el análisis de una joven croata que padecía de múltiples fobias. Este caso

---

[3] La terapia primal fue muy popular a principios de la década de los 70. John Lennon, el más ilustre de los pacientes de Janov, compuso algunas de sus más emotivas canciones inspirado en su experiencia con esta terapia. Hoy en día ya no se habla de ella.

ilustra el modo en que las técnicas activas pueden contribuir al trabajo terapéutico en un momento, para después transformarse en una resistencia:

> Durante la entrevista se le ocurrió una canción que su hermana mayor (quien la tiranizaba de muchas maneras) tenía el hábito de cantar. Después de vacilar durante un largo tiempo, repitió el ambiguo texto de la canción y luego quedó en silencio por un largo rato; pude sonsacarle que había pensado en la melodía de la canción. No perdí tiempo en pedirle que la cantase. Pasaron dos horas hasta que la cantó como ella realmente quería hacerlo. Se hallaba tan turbada que se detuvo repetidamente a la mitad de un verso, principió en voz baja e indecisa, hasta que, alentada por mí, comenzó a cantar en un tono más alto; entonces su voz fue tomando más y más amplitud hasta que finalmente terminó en un bello, poco común registro de soprano. Con esto no quedó vencida la resistencia; luego de algunas dificultades confesó que su hermana tenía la costumbre de acompañar la canción con gestos nada ambiguos, y realizó algunos desmañados movimientos de brazos con el fin de ilustrar la conducta de su hermana. Finalmente, le pedí que repitiera la canción exactamente como la había oído cantar a su hermana. Luego de parciales intentos faltos de vida, se reveló una perfecta *chanteuse* haciendo gala de todos los movimientos y la coquetería que había visto en su hermana. Desde entonces pareció gozar de estas representaciones y comenzó a desperdiciar horas de análisis con cosas de esta índole. Cuando me di cuenta de ello, le dije que ya sabíamos que gozaba con mostrar su múltiple talento y que detrás de su pudor se encontraba un considerable deseo de agradar, que no era hora de seguir con esa danza sino de continuar con nuestra tarea. (1920, en Ferenczi, 1966, pp. 165-166).

Ferenczi fue muy claro al señalar las diferencias entre las técnicas activas y la terapia catártica que practicó Freud en la década de 1880: en la catarsis la descarga de afecto era considerada un fin en sí misma, mientras que las técnicas activas eran un medio con el cual se esperaba tener mayor acceso al inconsciente. El objetivo de las técnicas activas, tanto si se trataba de prohibir como de alentar conductas, era lograr el "verdadero" análisis:

> Requiriendo lo que está inhibido, e inhibiendo lo que no lo está, esperamos obtener una nueva distribución de la energía psíquica del

paciente (...), energía que más tarde ayudará a revelar el material reprimido (1920 en Ferenczi, 1966 p. 173).

La reacción de Freud a las aportaciones de Ferenczi fue cautelosa. Consideró que "el experimento se justificaba", y añadió que la técnica activa sería una peligrosa tentación para los novicios excesivamente ambiciosos (Jones, 1961, Vol. III, p. 75). Ferenczi, por su parte, se mostraba cada vez más reservado: en 1925 (en Ferenczi, 1966, p. 180) recomendó "no (...) emplear la técnica activa si no se puede afirmar a conciencia que se han utilizado todos los métodos disponibles de la técnica no activa (se refería a la asociación libre). Es difícil decir en qué grado Ferenczi abandonó las técnicas activas por la desaprobación de Freud o por los resultados no satisfactorios que éstas produjeron. En todo caso, en esa misma comunicación se empieza a referir a ejercicios de relajación.

Si en la primera fase de su experimentación con nuevas técnicas terapéuticas Ferenczi persiguió aumentar la tensión, en la segunda aconsejaba proporcionar al paciente una atmósfera de tolerancia. Thompson (1950, pp. 193-196) afirma que en 1927 Ferenczi trataba de darle a los neuróticos aceptación y cariño que nunca encontraron cuando eran niños, de modo que se comportaba como un "buen padre". Por ejemplo, invitaba a sus pacientes a conducirse como si tuvieran tres años de edad, y él mismo los trataba como si así fuera, a la manera del psicodrama de Moreno o del reciente trabajo con el "niño interior", de Bradshaw.

Freud calificó de "no fructífera" a la terapia de relajación y, como mencionamos antes, reprendió a su discípulo por besar a sus pacientes y permitir que ellas lo besaran (Freud a Ferenczi, diciembre de 1931, en Gay, 1988, p. 643). La relación entre ellos se hizo cada vez más tirante; la salud de Ferenczi se deterioró y en 1933 murió. Según Gay (1988, p. 223), las más fecundas y discutibles aportaciones de Ferenczi a la técnica surgían de su extraordinario don para la empatía, de su capacidad para expresar y dar amor.

Groddeck y Ferenczi se conocieron en el Congreso de la Haya en 1920. Ferenczi presentó el trabajo sobre técnicas activas del que hablamos antes y Groddeck provocó un rechazo generalizado de la comunidad psicoanalítica al presentarse como analista "silvestre" y asociar libremente en su oportunidad como ponente. Ferenczi, junto con Ernst Simmel y Karen Horney, estuvieron entre los pocos que mostraron simpatía por él (Grossman y Grossman, p. 75). En ese año, Reich ya formaba parte de la Sociedad Psicoanalítica de Viena, pero no se tienen datos de que haya asistido al congreso. De cualquier manera, este antecedente agrega dos personas más por las cuales Reich pudo oir de Groddeck: él mismo perteneció al Movimiento de Médicos Socialistas que Simmel encabezaba en Alemania (Reich, 1952, p. 115) y conoció a Karen Horney en las reuniones de la Sociedad Psicoanalítica de Viena, en casa de Freud (Reich, 1952, p. 45).

Desde este congreso, Ferenczi y Groddeck cultivaron una amistad que duraría hasta la muerte del primero. Las esposas de ambos se hicieron amigas y ambos intercambiaron visitas, cartas e incluso terapias: Groddeck curó a Ferenczi del riñón (Grossman y Grossman, 1965, pp. 90, 136) y a su vez recibió algunas sesiones analíticas de éste, en una visita a Baden-Baden. El tratamiento no sólo alivió a Ferenczi, sino que también influyó en sus intentos de mejorar la propia técnica psicoanalítica (Grossman y Grossman, 1965, p. 136) mediante técnicas de relajación.

En esos años parecía existir consenso respecto a que era necesario escribir más sobre técnica analítica, toda vez que el yo y las resistencias pasaban a ocupar un lugar eminente en la teoría psicoanalítica (Ferenczi y Rank, 1923). En 1922, al finalizar el Congreso de Berlín, el propio Freud convocó a la redacción de un ensayo que relacionara la teoría psicoanalítica con la técnica terapéutica. Pero las innovaciones de Ferenczi no fueron bien recibidas por la mayoría de los psicoanalistas, Freud incluido (Gay, 1988, pp. 640-650). El creador del psicoanálisis se permitió experimentar con diferentes técnicas en la década de 1880 pero, años después, no toleraba desviaciones significativas a los demás. En ese momento Reich no escribió al respecto, pero propuso la fundación de un seminario sobre técnica psicoanalítica, reservado para jóvenes analistas, al cual asistió y que luego encabezaría. Con base en el estudio de casos difíciles, de los "fracasos terapéuticos", se empezó a abonar el terreno en el que se desarrollarían las sugerencias de Ferenczi. Basado en sus investigaciones sobre la resistencia y la transferencia, Reich llegó al concepto de la coraza caracterológica, a partir del cual "corporalizó" la teoría de Freud. Los puntos de vista dinámico, topográfico, económico, genético y estructural encontraron arraigo concreto en los cuerpos de los pacientes. El material analizable no se restringió a lo verbal: el inconsciente se expresa mediante una asociación libre en la que participa todo el organismo. Eventualmente, como Freud en sus primeros tiempos, como Ferenczi y Groddeck, Reich desarrolló una forma de hacer psicoterapia que no se restringía a lo verbal. Al igual que este último, se negó a aceptar la separación de lo anímico y lo corporal y desarrolló una teoría de la personalidad y una forma de hacer psicoterapia consistente con su concepción del ser humano.

III

La caracterología de Reich y sus discípulos

El propósito de este capítulo es analizar el modelo teórico que sustenta la caracterología establecida por Reich, sus discípulos y seguidores.

Reich consiguió describir cómo la forma del cuerpo resulta de determinadas circunstancias y se relaciona con un modo de estar en el mundo. El modelo de la coraza caracterológica logró explicar, mejor que ningún otro hasta entonces, el modo en que lo llamamos "mente" y lo que llamamos "cuerpo" son una y la misma cosa. En *Análisis del carácter* (1949), Reich analizó la formación, naturaleza y funciones del carácter, y describió los tipos histérico, compulsivo, masoquista, pasivo femenino y fálico narcisista. También habló del acorazamiento muscular en la esquizofrenia.

En un trabajo anterior, Reich (1925) había descrito un "carácter impulsivo". Nunca intentó hacer una lista completa de tipos, aun cuando afirmó que la teoría de la libido de Freud era la única base legítima para una caracterología psicoanalítica (Reich, 1949, P. 214). Con esta base, se han sucedido intentos de sistematizar y actualizar una caracterología que sirva como una especie de mapa para comprender las relaciones entre lo psíquico y lo corporal. Estos tipos de carácter que siguen siendo básicos para el diagnóstico y tratamiento en terapia psicocorporal tiene fundamento en el psicoanálisis de las dos primeras décadas del siglo. En ese tiempo, la precisión en el uso de ciertos términos básicos como *yo*, *carácter* e *impulso* dejaba mucho que desear; los modelos utilizados por los primeros psicoanalistas no estaban definidos y en ocasiones parecían contradecirse. En la segunda mitad del siglo, dentro de la "ortodoxia" psicoanalítica, se han sucedido intentos de aclarar el uso de términos tan básicos como el Yo (vea, por ejemplo, Hartman, 1950; o Kernberg, 1977), y de sistematizar la teoría psicoanalítica con base en las proposiciones metapsicológicas de Freud (Gill y Rapaport, 1962) o en la definición de los modelos desde los cuales se podía explicar el trabajo psicoanalítico (Gedo y Goldberg, 1973). Usando los términos con más precisión, y desde la perspectiva de los nuevos desarrollos teóricos del psicoanálisis, es también posible organizar y fundamentar los modelos caracterológicos desarrollados con las investigaciones de Reich.

Como cualquier modelo, una caracterología no puede sino aspirar a explicar el comportamiento de su objeto de estudio (en este caso el ser humano) de una manera parcial. En otras palabras, hay ocasiones en que una persona se comporta de manera que puede explicarse y hasta predecirse de conformidad a una teoría, y en muchas otras somos los investigadores los que insistimos en encajonar el misterio del comportamiento humano en nuestro marco de referencia. En todo caso, después de conocer las limitaciones de los modelos en general, haríamos bien en, por lo menos, tratar de conocerlo lo mejor posible, y aún más, de disponer de modelos alternativos que puedan ser más útiles (que no más "verdaderos") al tratar de trabajar con las personas. Ni siquiera para un reichiano puede la caracterología de Reich y sus seguidores ser un artículo de fe.

Teoría psicoanalítica de la formación del carácter

De la obra de Freud y los primeros psicoanalistas pueden seleccionarse algunos escritos básicos en los que se basó Reich para construir su caracterología. Al no ser el propósito de estas líneas un análisis exhaustivo de la obra de Freud, basta destacar los aspectos relevantes de *Tres ensayos sobre una teoría sexual* (1905), *El carácter y el erotismo anal* (1908), y *El Yo y el Ello* (1923) y los artículos sobre metapsicología, así como los escritos sobre caracterología de Abraham para aclarar el modelo reichiano y señalar las direcciones en las que éste se puede expandir y afinar.

En *El carácter y el erotismo anal*, Freud (1908) se refirió a la "relación entre las cualidades del carácter con singularidades de ciertos órganos", afirmando que las personas que habían tenido dificultad en lograr el control del esfínter anal eran pulcras, cumplidas, ahorrativas o aun avaras y tenaces, en ocasiones hasta la obstinación. De este modo relacionaba la tensión en una parte del cuerpo, la zona anal, con ciertos rasgos de carácter: la limpieza, el orden y la terquedad.

Al final del escrito menciona, sin entrar en detalle, cómo es que los impulsos son la base del establecimiento de los rasgos de carácter. Freud considera al carácter "producto de los instintos consecutivos", y concluye: "Los rasgos permanentes del carácter son continuaciones invariadas de los instintos primitivos[1], sublimación de los mismos o reacciones (formaciones reactivas) contra ellos". Los "instintos primitivos"[1] a los que se refería en ese momento eran los propuestos en *Tres ensayos sobre una teoría sexual* (1905), es decir, orales y anales.

El razonamiento de Freud, es decir, considerar que los impulsos anales son la materia prima con que se estructuran los rasgos de carácter, fue explotado por sus discípulos.

En sus *Contribuciones a la teoría del carácter anal*, Abraham (Abraham, 1927) resume los hallazgos que los primeros psicoanalistas hicieron basados en *El carácter y el erotismo anal*. Aparece entonces delineado un tipo de carácter que sigue siendo clásico: el individuo ordenado, perfeccionista, con dificultades para iniciar cualquier actividad, pero una vez iniciada le cuesta trabajo interrumpirla o modificarla; ambivalente en cuanto al orden y la limpieza, amigo de la exactitud, obstinado y con una peculiar forma de manejar el dinero como equivalente de afecto. Quedaba por investigar cómo era que otros "instintos primitivos" contribuían a la formación del carácter.

En 1924, al abordar el problema, Abraham dio un giro a la posición propuesta por Freud. Si para él los rasgos de carácter eran "continuaciones de impulsos, sublimaciones de los mismos o reacciones

---

[1] Actualmente se prefiere traducir *trieb* (alemán) como impulso, pulsión o hasta impulso instintivo.

(formaciones reactivas) contra ellos" (Freud, 1908), Abraham sólo considera que aquellos impulsos que no han pasado a formar parte de la vida sexual ni han sido sublimados, es decir, aquellos contra los cuales se ha desarrollado una formación reactiva, pasan a formar parte del carácter. De este modo, el carácter sería una formación reactiva, opuesta necesariamente a los impulsos originales. Al excluir los impulsos que han permanecido sin mayores cambios y aquellos que han sido sublimados de la formación del carácter, Abraham acentúa el conflicto entre las defensas y los impulsos. Esto, como veremos, tiene profundas implicaciones tanto para el modelo de formación del carácter como para la psicoterapia.

A partir de la aceptación de la hipótesis de que los elementos de la sexualidad infantil que son excluidos de la vida sexual del adulto pueden transformarse en rasgos de carácter, afirma que el erotismo oral puede ser también fuente de la formación del carácter. Para Abraham, como el erotismo oral es más aceptado, muchos elementos orales de la sexualidad infantil pueden continuar en la vida adulta sin transformarse en rasgos de carácter ni sublimarse. La desviación de Abraham con respecto a la proposición original de Freud muestra aquí su debilidad: una persona que se permitiera placeres directamente vinculados a la boca no tendría rasgos orales de carácter. La experiencia clínica con alcohólicos, comedores compulsivos e individuos con hábitos notables autoeróticos orales parece, en ocasiones, demostrar lo contrario.

Abraham considera que la inactividad, la verborrea y la receptividad son entre otros, rasgos de carácter derivados del erotismo oral. Es necesario subrayar que en ningún momento habla de un carácter oral, sino solamente de rasgos orales de carácter.

En *La organización genital infantil*, Freud (1907-1923) propuso una tercera fase de la organización sexual infantil: la fálica. De este modo quedaría completa la lista de "instintos primitivos" que eventualmente se transformarían en rasgos de carácter. El psicoanálisis había sentado las bases de una teoría de formación del carácter en el estudio de los impulsos. La proposición básica es que la forma en que aprendemos a manejar los impulsos orales, anales o fálicos origina rasgos característicos, es decir, imprime cualidades en nosotros.

Queda por describir cómo explicaron la síntesis de los rasgos derivados de estas fases "primitivas". En *Tres ensayos sobre una teoría sexual*, Freud (1905) afirma que en la pubertad los instintos primitivos se "subordinan a la primacía de los genitales". Es entonces cuando se da una clara diferenciación de lo femenino y lo masculino, se renuncia a los objetos infantiles y se hace posible una síntesis de la ternura y la sensualidad dirigidas a una misma persona". En esta línea, Abraham describió, en 1925 (Abraham, 1927), cómo en la etapa genital se eliminaban las huellas de las "etapas más primitivas" y se "alcanzaba la fase más elevada de organización". Aun cuando sostuvieran que esta forma de organización era alcanzada en la pubertad, es evidente que la etapa genital se postulaba más como una síntesis ideal de rasgos que como una realidad observable.

En *El Yo y el Ello*, Freud (1923) abre otra línea de investigación sobre el origen del carácter. Describe el funcionamiento de un aparato psíquico en el que interactúan tres instancias: *Yo*, *Ello* y *Superyo*.

Analizar las múltiples implicaciones de esta obra va más allá de los propósitos de este trabajo. Es tan rico y denso que puede ser leído desde diversos puntos de vista y, de este modo, utilizado para fundamentar el trabajo de diferentes corrientes derivadas del psicoanálisis como la psicología del Yo, la teoría de las relaciones objetales, el enfoque lacaniano o la psicología del *Self*. Para no ser la excepción lo utilizaré para fundamentar el modelo de Reich.

En *El Yo y el Ello*, Freud señala repetidas veces la relación (o inseparabilidad) del Yo y el cuerpo. Freud afirma: "el Yo es una parte del Ello que ha sido modificado por la influencia del mundo exterior o, en cierto modo, una continuación de superficies". Más adelante, añade: "en la génesis del Yo, y en su diferenciación del Ello parece haber actuado aun otro factor, el propio cuerpo y, sobre todo, la superficie del mismo (ya que ésta) es un lugar del cual pueden partir, simultáneamente, percepciones internas y externas (1923, p. 14). De este modo, el contacto con el exterior forma o deforma, fortalece o debilita a la organización de los procesos psíquicos (o aun a la propia persona)". Freud también relaciona el Yo con los órganos de los sentidos y con el movimiento, lo cual le lleva a afirmar: "El Yo es, ante todo, un ser corpóreo".

Ahora bien, este Yo que es corpóreo, ese Yo que es por un lado organización de funciones, instancia psíquica en relación con otras instancias (Ello y Superyo), y por otro la propia persona (Sí mismo o *Self*) en relación con otras personas o representaciones de éstas (los objetos) tiene un carácter, es decir, algo que les es propio, que ha adquirido en su propio proceso de formación. Freud afirma que en el proceso de duelo se sustituye una carga de objeto (es decir, la energía que se había depositado en una persona o su representación) por una identificación. Las identificaciones contribuyen a la estructuración y formación del carácter del Yo. Más adelante, añade que este proceso no sólo se da en el duelo sino que es parte del desarrollo del individuo en sus primeras fases, cuando afirma: "El carácter del Yo es un residuo de las cargas de objeto abandonadas y contiene la historia de tales elecciones de objeto" (Freud, 1923, p. 17).

En otras palabras, las relaciones entre el Yo en formación y los otros significativos (o sus representaciones) le confieren rasgos característicos, lo hacen único.

En resumen, el psicoanálisis de los primeros 25 años del siglo considera el carácter como resultado del modo en que manejamos nuestros impulsos y también de la forma en que nos relacionamos con los otros. En el primer sentido, sobre todo si hacemos énfasis en los rasgos de carácter originados como reacciones contra los impulsos, subrayaremos las funciones defensivas del carácter y el conflicto entre los impulsos y las defensas. En el segundo, sobresale la internalización de las relaciones con los otros significativos y, si bien puede existir conflicto entre diferentes representaciones de uno mismo y de los otros, el énfasis estará en la integración o armonización del mundo interno.

Naturaleza y función del carácter según Reich

El modelo esbozado por Freud y enriquecido por Abraham fue llevado hasta sus últimas consecuencias por Reich. Para este último, el carácter resulta del conflicto entre los impulsos naturales del niño y las restricciones que la sociedad le impone. Es al mismo tiempo una estructura en tanto que endurecimiento del Yo y acorazamiento del cuerpo, y una historia en tanto que le quedan grabados* tanto grandes eventos traumáticos como sucesos cotidianos.

La aportación de Reich respecto a la naturaleza y función del carácter surgió de su particular desarrollo de la técnica psicoanalítica y de la importancia que concedió a la sexualidad.

En el capítulo anterior mencioné que en 1922 Reich propuso la creación de un seminario sobre técnica psicoanalítica. Participó en el seminario desde su fundación y lo dirigió de 1924 a 1930. Las dificultades a las que se enfrentaba en la práctica del psicoanálisis lo llevaron a elaborar una técnica de análisis de las resistencias. Pronto notó que las resistencias más importantes eran expresiones del carácter de los pacientes. El carácter se hacía más evidente en el modo en que los pacientes se conducían en las sesiones, que en lo que decían. Así, Reich empezó a intervenir más sobre el *cómo*, que sobre el *qué* de la conducta.

Cuando los pacientes llegaban a tomar conciencia de sus actitudes corporales, las cambiaban espontáneamente y, a la vez, estos cambios en las actitudes corporales frecuentemente venían acompañados de emociones. Esto hizo que Reich se convenciera de que la incapacidad característica de expresar emociones correspondía a una coraza muscular (Raknes, 1970).

En 1930, en el Congreso de la Asociación Psicoanalítica Alemana, Reich afirmó que el carácter se forma para defender a las personas de las demandas de los impulsos inconscientes. Una vez formado, se mantiene su función defensiva y así determina las reacciones típicas de la persona tanto en la vida cotidiana como en el consultorio (Reich, 1949, p. 170).

Reich concibió al carácter como un endurecimiento crónico del Yo, en el cual las represiones se pegan entre sí y adquieren una forma definida como resultado de la resolución de la situación edípica. El endurecimiento del Yo se concreta en tensiones musculares crónicas que impiden la expresión de nuestras emociones, condicionan una

---

* Carácter viene de una palabra griega que significa instrumento grabador, o lo que ha quedado grabado.

forma de percibir y de ser percibidos y nos hacen manejar la angustia de una forma característica. Una vez constituido, restringe la movilidad de la persona en todos sentidos. De este modo, hizo énfasis en los aspectos represivos de la formación del carácter.

El modelo de Reich implica llevar al cuerpo muchos de los conceptos freudianos. Si para Freud reprimir era hacer inconsciente un impulso; olvidarlo y olvidar el proceso mediante el cual el impulso fue olvidado, Reich hablaría de cómo un impulso concreto no se expresa debido a la tensión crónica de un grupo de músculos y de cómo el individuo puede no darse cuenta de esa tensión y de su relación con una emoción. Finalmente, describió cómo la tensión se vuelve característica, es decir, parte del carácter. Al respecto, en *La resolución del conflicto sexual infantil*, Reich (1949, pp. 177-179) consideró que la formación del carácter resultaba de los siguientes factores:

El momento en el que el impulso era frustrado
Si el impulso era frustrado temprana y constantemente "demasiado bien", se originaban defensas muy fuertes contra éste, y una disminución general de la actividad. En este caso, según Ellsworth Baker (1967), discípulo de Reich a quien éste confió la formación de terapeutas después de su muerte, el individuo nunca desarrolla un funcionamiento placentero en la etapa correspondiente. Así, se le puede describir como inhibido o reprimido.

Por otro lado, si el impulso era frustrado una vez que hubiera alcanzado su pleno desarrollo, se originaba algún tipo de carácter impulsivo. A pesar de que, en este caso, los impulsos se perciben y se actúa para satisfacerlos, el individuo permanece siempre insatisfecho pues la zona bloqueada no cede lo suficiente como para alcanzar la satisfacción. Como consecuencia, existen los excesos en el comer, beber, hablar o tener relaciones sexuales. Los intentos de satisfacer el impulso se vuelven compulsivos. Reich (1925) describió ampliamente esta situación en un estudio sobre el carácter impulsivo.

La frecuencia y la intensidad con la que los impulsos se frustraban
En la medida en que las frustraciones fueran más intensas o más frecuentes (o ambas), la coraza muscular se haría más densa.

El impulso contra el cual se dirigía principalmente la frustración

Reich se refería a impulsos orales, anales y genitales. Posteriormente Baker (1967) añadió los impulsos oculares y fálicos. Cada tipo de impulso es predominante en una etapa de la vida, dándole nombre. Así, se habla de una etapa ocular, oral, etcétera. Si el bloqueo más importante se da en una de las fases (y por lo tanto se frustra el impulso correspondiente), Baker habla de caracteres oculares, orales y así por el estilo. Su caracterología se examinará más detalladamente, junto con otras, en este mismo capítulo.

La relación entre la frustración y la permisividad

La expresión de los impulsos puede no sólo ser permitida, sino incluso alentada hasta cierto punto y luego frustrada.

El género de la persona que actúa como principal agente frustrante

La persona que actúa como principal agente frustrante es definitiva en la formación del carácter, ya que el niño se identifica con la realidad frustrante personificada por quien prohibe los impulsos.

Las contradicciones entre las frustraciones

Un mismo impulso puede ser permitido en cierta etapa y prohibido en otro. Así, por ejemplo, las manifestaciones de afecto de una niña hacia su padre pueden ser alentadas y luego severamente castigadas cuando ésta llega a la pubertad.

El carácter, entonces, se va constituyendo a partir de impulsos inhibidos e identificaciones; ya constituido, es una estructura que unifica los intentos del organismo por satisfacer sus necesidades y se mantiene utilizando la energía de los impulsos (Reich, 1949, pp. 191-192). Si el carácter es la suma total de los modos típicos de reacción podría hacerse una lista de comportamientos característicos para cada tipo, en donde algunos tendrían mayor probabilidad de ocurrencia que otros, incluso en donde un modo de reacción opuesto al típico se presentaría algunas veces en determinadas circunstancias. Sin embargo, algunas veces un rasgo destaca de tal manera que colorea y puede servir para darle nombre a toda la estructura. En la práctica, el rasgo que se subraya suele ser el que presenta la distorsión más obvia. Así, la rigidez, falta de armonía, pasividad, o pseudohipersexualidad (se refiere a alguien que aparentemente es muy sexual, pero en realidad no lo es), típicos de ciertos caracteres, pueden ser criterios diagnósticos tan importantes que las otras conductas típicas parecen pasar a segundo término. En aras de la simplicidad, es válido utilizar una palabra como descriptor de un tipo de carácter; sin embargo, la palabra utilizada siempre tiene, en las categorizaciones de Reich y sus discípulos, una connotación patológica. Aun cuando muchos autores aclaran que hacen referencia a sistemas de defensa y no a individuos, lo que prevalece es una etiqueta clínica que, si es aceptada sin reservas por terapeutas y pacientes, puede funcionar como una profecía que propicia su propio cumplimiento.

Aunque se trata de una organización relativamente estable, en el carácter siempre se da un juego de fuerzas, que por un lado implica la salida del impulso, pero por otro utiliza la misma energía de éste para mantenerse.

Entender el carácter como endurecimiento del Yo, que es a la vez acorazamiento del cuerpo, concreta y arraiga la teoría psicoanalítica más allá de *El carácter y el erotismo anal*, y de *El Yo y el Ello*. Para Reich, las represiones que se pegan entre sí son también músculos crónicamente tensos, flácidos o hiperexcitables que impiden ciertas conductas y que hacen que otras se vuelvan no sólo características sino inflexibles, y por lo tanto no siempre adecuadas para la situación actual.

Al reprimir diferentes emociones con diferentes grupos de músculos, se va formando un patrón relativamente estable de tensiones crónicas. El conjunto de tensiones crónicas de la musculatura fue denominado armadura o coraza (*panzerung* en alemán) por Reich.

En otro texto (Ortiz, 1989) he utilizado este ejemplo: si a un niño se le dice que no llore, podrá contraer los músculos de la cara, cuello, tórax y abdomen para no hacerlo. Si la prohibición de llorar continúa, el niño olvidará que alguna vez quiso llorar, que no se lo permitieron y que logró controlar su llanto bloqueando la sensibilidad de su propio cuerpo. Las tensiones musculares que impiden el llanto se harán crónicas y el niño las percibirá como parte de sí mismo. Posiblemente sufrirá dolores de cuello o de cabeza, pero no los atribuirá a su propia tensión; obstruirá la posibilidad de llorar, y quizá mostrará al mundo una actitud de callada resignación.

Al contener así el llanto impedimos también la respiración espontánea, la risa franca, la naturalidad de la voz y aumentamos la probabilidad de afecciones respiratorias y cardiovasculares. Cualquier emoción reprimida implica un gasto de energía, la alteración del equilibrio funcional del organismo y un decremento de nuestra capacidad de expresar todas las demás emociones.

Una vez estructurado el carácter, la expresión de los impulsos puede verse frustrada por un rasgo de origen reactivo, como propusiera Freud, pero también un impulso más o menos reprimido puede limitar la salida de otro más profundo. De este modo, el carácter estaría formado por capas en donde la más externa podría ser un rasgo reactivo de carácter, y las siguientes corresponderían a emociones cada vez más profundas. Regresando a nuestro ejemplo, el niño al que no se le permitió la expresión del llanto, se enfrenta a la vida con una actitud de callada resignación. Una vez que llorara, podría hacerlo para defenderse de la rabia y, finalmente, expresar la rabia escondería un profundo anhelo de contacto físico. En el núcleo quedarían impulsos "puros" que buscarían el placer sexual, la armonía, los sentimientos de completa satisfacción, etcétera.

Según Boadella (1973, p. 45), Reich consideraba que la coraza estaba formada por tres capas. La superficial es la cara que el individuo presenta al mundo. Por debajo de ésta estarían los impulsos y fantasías irracionales y grotescos, el mundo del inconsciente, y después de penetrar este nivel se encontraba un centro en el que los impulsos eran sanos. No tengo conocimiento de que Reich haya sido explícito en cuanto al número de capas que constituían la coraza, pero la propuesta de Boadella hace justicia a la presentación de casos que Reich hace en *Análisis del carácter*. Basados en estas sugerencias, y en su propia experiencia clínica, prácticamente todos los autores influidos por Reich han propuesto modelos en los que el carácter está formado por capas como una cebolla. Los autores coinciden en describir las capas de lo superficial a lo profundo, de lo adaptativo a lo auténtico, de la expresión parcial a la expresión total, y así por el estilo. "Pelar la cebolla" se convierte entonces en una meta terapéutica. Diferentes modelos de "cebolla" han sido propuestos por Perls (1969, pp.59-60), Lowen (1975), Kurz y Prestera (1977), Kirch (1973) y Pierrakos (1987).

En la coraza pueden existir válvulas o huecos por los que saldrían impulsos más o menos "puros". Si la salida de los impulsos se da a través de la coraza, se distorsionan. En este caso, la satisfacción nunca es completa. La persona alivia momentáneamente la tensión y luego experimenta una sensación de vacío. Las adicciones, el deseo de poder y las parafilias son ejemplos de impulsos distorsionados que pueden volverse centrales en la vida de un individuo, pero cuya realización, por sí sola, no conduce a estados de plenitud y armonía.

Otra manera de distorsionar los impulsos es la formación de síntomas. La persona tenderá a enfermar manifestando síntomas de acuerdo con el asiento y la naturaleza de los bloqueos.

En 1927, con base en su experiencia como terapeuta, Reich afirmó que el establecimiento de la potencia orgástica era condición indispensable para la "cura" de los pacientes sometidos a psicoanálisis. Por potencia orgástica quería decir la capacidad de una descarga convulsiva completa en la relación con una pareja de sexo contrario, en la cual se daba, además, una pérdida momentánea de conciencia. De este modo, la respuesta sexual no sólo tenía por finalidad la procreación, sino la descarga de energía que no había sido utilizada en otras actividades y, por supuesto, el placer. En términos energéticos, la potencia orgástica implica que la energía de los impulsos no se descarga de un modo distorsionado mediante síntomas o impulsos secundarios, ni se vuelve contra sí misma.

A medida que Reich trabajó más con el cuerpo, encontró que la disolución de la coraza venía acompañada de sensaciones de corrientes en el cuerpo. Pensó que las corrientes eran función del sistema nervioso autónomo o vegetativo, así que les llamó corrientes vegetativas. Desde entonces, su trabajo se centró en lograr que dichas corrientes fluyeran ininterrumpidas por el cuerpo. Al observar cómo se bloqueaba el flujo de energía a través del cuerpo, Reich llegó a la conclusión de que la armadura estaba organizada en segmentos. En *The Expresive Language of the Living*, describió los segmentos ocular, oral, cervical, torácico, abdominal y pélvico (en Reich, 1949). Los segmentos superiores se bloquean a una edad más temprana que los inferiores y son relativamente independientes de la musculatura, es decir que un músculo largo puede estar bloqueado en los diferentes anillos de tensión que delimitan los segmentos. Recientemente, Federico Navarro (1988) ha descrito sistemáticamente las enfermedades que corresponden a los bloqueos en diferentes segmentos de la coraza del carácter. La disposición segmentaria de la coraza, la importancia de la energía y otras implicaciones de este escrito son temas que analizaremos en el siguiente capítulo.

Tipos de carácter según Reich

Reich describió la naturaleza y funciones del carácter y propuso una serie de causas que determinan su desarrollo, pero nunca intentó hacer una lista exhaustiva de tipos de carácter. Según Boadella (1973), en la década de 1920, Reich distinguía los siguientes tipos de carácter: fálico-narcisista, pasivo-femenino, masculino-agresivo, histérico, compulsivo y masoquista. El panorama es, sin embargo, más complicado. En *Análisis del carácter*, encontramos capítulos específicos que describen todos los anteriores con excepción del masculino-agresivo. También hay un capítulo dedicado a la escisión esquizofrénica, en el cual describe características psicocorporales de una paciente esquizofrénica, aunque no hace referencia a un carácter esquizofrénico o esquizoide. Las descripciones de los casos siguen siendo valiosas, aun cuando casi todas fueron escritas hace más de 60 años (aparecieron en la primera edición de dicha obra, en 1933) y su lectura sigue siendo indispensable. También menciona otros posibles tipos de carácter que trataré de presentar en un orden comprensible para el lector:

1. De acuerdo con el destino de los impulsos y la intensidad de las defensas, describe el carácter *impulsivo*, que utiliza los impulsos como defensas contra situaciones imaginarias de peligro, y su opuesto, el carácter *inhibido* (Reich, 1949, cap. VII p. 179).

2. Atendiendo al tipo de armadura, se refiere a:

El carácter *compulsivo*, con una armadura dispuesta en placas que impide el contacto afectivo con el mundo.

El *paranoico-agresivo* con una armadura flexible, pero excesivamente irritable al contacto, por la cual el individuo frecuentemente reacciona de un modo agresivo.

El *pasivo femenino*, con una coraza suave por fuera y duro por dentro. De entrada parece blando y condescendiente, pero esconde una tenaz resistencia (Reich, 1949, cap. VIII, p. 194).

3. De acuerdo con un criterio cualitativo, atendiendo a la fase en la cual está fijada la libido:

Depresivo (oral)

Masoquista

Genital-narcisista (fálico)

Histérico (genital-incestuoso)

Compulsivo (anal-sádico)

(Reich, 1949, cap. VIII p. 195).

4. Además de los anteriores, menciona también el *acorazamiento rígido* que se presenta en la *esquizofrenia*, y el *carácter compulsivo* y un *carácter infantil-dependiente* (Reich, 1949, cap. VII, pp. 172, 183).

Como el gran clínico que era, Reich describió ciertos tipos con cuidado y mencionó otros. Cualquiera que tenga experiencia en el trabajo con personas podrá reconocer casos típicos, muy parecidos a los que han sido descritos en la literatura, al tiempo que seguramente trabajará con algunas personas cuyas características parecen hacer muy difícil situarlas en alguna categoría diagnóstica. Insistiré en que los tipos que merecieron un capítulo o sección específica en el libro *Análisis del carácter* fueron el pasivo-femenino, el histérico, el compulsivo, el fálico narcisista y el masoquista, por lo que la puerta quedó abierta para posteriores tipologías basadas en su obra.

Tipos de carácter según los discípulos de Reich

Alexander Lowen y John Pierrakos

El más conocido de los discípulos de Reich es, sin duda, Alexander Lowen. Ha publicado libros dirigidos a un público no especializado, y su modo de hacer psicoterapia, el análisis bioenergético, es tal vez la forma más conocida de terapia psicocorporal; los tipos de carácter que propone fundamentan el diagnóstico de la mayoría de los terapeutas de orientación corporal y son punto de referencia para los que escriben sobre el tema. Durante muchos años trabajó asociado con John Pierrakos, también discípulo de Reich.

En 1958, Alexander Lowen publicó *The Physical Dynamics of Character Structure*, obra en la cual se propuso sistematizar la caracterología de Reich. En la misma, describe el carácter oral, el masoquista, el histérico, el fálico narcisista, el pasivo femenino, el masculino-agresivo, el esquizoide y el esquizofrénico. Lowen no incluyó al carácter compulsivo por considerar que en ese tiempo era muy poco común encontrarlo en Norteamérica: opinaba que este tipo era más propio de las primeras décadas del siglo y del viejo continente.

En este trabajo no me propongo tratar en detalle los tipos descritos por Lowen. Esta tarea ya ha sido realizada por el propio Lowen (1958, 1975), Pierrakos (1987), Ogden (en Kurz, 1985) Johnson (1985, 1987, 1991) y Ramírez (1995). Bastará una breve descripción para estudiar la tipología en su conjunto.

Carácter esquizoide

Presenta diversos grados de escisión, que se reflejan tanto en su cuerpo como en su relación con los demás. Las partes que lo forman no son todo lo armoniosas que podrían ser. El contacto que hace con los demás y con la tierra puede ser pobre. Sin embargo, precisamente esta falta de defensas más estructuradas puede hacer que perciba aspectos más sutiles de la realidad.

Carácter oral

Se distingue por una falta de energía en su cuerpo-mente. Su respiración es muy superficial y puede haber poca masa muscular. Esto puede hacerlo propenso a la depresión y a la dependencia. Los más sanos son capaces de realizar un esfuerzo sostenido, aunque lánguido. Puede ser hábil como comunicador, o exagerar hasta llegar a una especie de incontinencia verbal.

Carácter masoquista

Tiene mucha energía contenida. Parece soportar un gran peso. Le cuesta trabajo ser independiente y autónomo. Se queja de lo que le hacen, y al hacerlo tortura a los que le rodean.

Carácter fálico-narcisista

Para Lowen, este tipo de carácter se da solamente en hombres, y puede ser un individuo ambicioso, competitivo, lleno de energía, pero que utiliza el falo como un arma contra las mujeres. En casos extremos es un macho, caricatura de un hombre.

Carácter histérico

Del mismo modo que el anterior, es en casos exagerados la caricatura de una mujer. Aparenta ser muy sexual cuando en realidad esconde lo contrario, o es incapaz de entregar el corazón aunque haya entregado el cuerpo. Puede ser una mujer cálida, llena de energía y consciente de sus atractivos.

Carácter pasivo-femenino

Es un hombre con características femeninas, que puede tener dificultad en expresar agresividad abiertamente. Su contraparte, el carácter masculino-agresivo, es una mujer con características que la cultura suele considerar viriles. Compite y agrede a los hombres en el mismo plano. Es una amazona.

Estos cuatro últimos tipos han sido agrupados en una sola categoría amplia. En el capítulo ocho de *The Physical Dynamics of Character Structure*, Lowen (1958) se refirió a un grupo de caracteres "cuyo endurecimiento produce rigidez física y emocional" y con una estructura inflexible del Yo. El grupo incluía al varón fálico-narcisista, la mujer histérica, el carácter compulsivo, el neurótico obsesivo, el carácter anal, etcétera (Lowen, 1958, p. 151). Así sentó las bases para, años más tarde, en su obra *Bioenergetics* (1975) modificar su tipología agrupando a los caracteres fálico-narcisista, histérico y masculino-agresivo en una sola categoría: los caracteres rígidos.

Estos caracteres rígidos tienen las siguientes características:

- Podemos decir que presentan una "coraza". Lowen considera que los tipos "pregenitales" (esquizoide, oral y masoquista) no presentan coraza o armadura. Esto hace que los tipos rígidos experimenten poca ansiedad (Lowen, 1958, pp. 287).
- La coraza o rigidez se origina por frustraciones a nivel genital, en la etapa edípica. La persona tiene una considerable carga energética y al mismo tiempo un bloqueo a nivel genital. Esto puede originar que haya excitación, pero no descarga orgástica plena. Otra posibilidad es que sea difícil la descarga sexual con afectos tiernos y entrega.
- Corresponden a los tipos inhibidos (en contraste con los impulsivos). Esto implica un control efectivo sobre los impulsos. Si hay poca rigidez, la persona aparece con gran vitalidad. Si hay demasiado control, puede quitarles motilidad, espontaneidad, etcétera (Lowen 1958, p. 152). En algunas personas, la rigidez es más evidente cuando se encuentran en una situación de estrés.
- Hay seguridad en su relación con la realidad (Lowen 1958, pp. 151-152). Por lo general son individuos que están alerta, son competitivos y ambiciosos (Lowen, 1975, p. 168).

Por su amplitud, la categoría de "carácter rígido" tiene ventajas y desventajas. Por un lado, existen personas que presentan las características generales del tipo rígido a las cuales no es fácil clasificar dentro de un grupo específico como el histérico, fálico-narcisista u otro, pero tienen la ventaja de una terminología clínica que no degrada al paciente. En ese sentido, sería más justo encontrar términos ajenos a la psicopatología también para los otros tipos.

Por otra parte, usar un término que denota más una característica que un cuadro clínico para designar un conjunto de tipo de carácter al lado de otros con implicaciones psicopatológicas y\o derivados del psicoanálisis, se presta a confusiones, algunas de las cuales han sido propiciadas por el propio Lowen:

- Incluir en un primer momento categorías que se sobreponen como el carácter compulsivo y el carácter anal, y por otra parte son similares, pero difieren en cuanto a lo ego-sintónico (caracteres anales u obsesivos) y lo distónico (neurosis obsesiva).
- Considerarlos los únicos tipos "acorazados". Si consideramos la unidad funcional a la cual Reich llegó mediante su concepto de acorazamiento, tenemos que conceder que los tipos pregenitales tienen algún tipo de coraza o armadura, sin restringir el concepto a la armadura "rígida". No sólo la tensión muscular crónica en forma de placas, semejante a la armadura de un caballero medieval, o la tensión muscular tipo cota de malla constituyen una defensa; la flacidez crónica también lo es. Por otro lado, las tensiones musculares no sólo se encuentran en los músculos superficiales; los músculos y tendones internos, que determinan la postura, pueden también estar crónicamente tensos. Si concediéramos que los caracteres pregenitales no tienen coraza, tendríamos que encontrar una palabra para describir el modo más o menos permanente de organización de sus respuestas, tanto en el ámbito corporal como en el ámbito psicológico. Por otra parte, el propio Reich, como vimos arriba, se refirió al acorazamiento del esquizofrénico.
- Al existir un tipo como el carácter pasivo-femenino, que también se puede ubicar en otra categoría aun cuando tenga características de rigidez (genitales) y de masoquismo (pregenitales).

Otros autores, como veremos más adelante, han hablado de caracteres rígidos, pero lo han hecho en el contexto de tipologías que no usan términos de origen psicoanalítico o clínico. Recientemente,

Stephen Johnson (1991) ha propuesto un nombre más adecuado para referirse a este grupo de caracteres: les llama edípicos debido a que su problemática suele girar alrededor de la competencia y la sexualidad.

Además del tipo rígido, Lowen (1975) propuso otros cuatro tipos de carácter en *Bioenergetics*: el esquizoide, el oral, el psicopático y el masoquista. El carácter psicopático no había sido descrito antes. Algunos individuos con esta estructura defensiva podrían corresponder a los impulsivos o a los paranoico-agresivos de Reich. En esos casos, podría ser adecuada la palabra psicopático. El uso del término psicopático es, de todas formas, bastante poco afortunado, ya que suele implicar una conducta antisocial y, a pesar del deseo de control y la manipulación características de estas personas, no todos los que entran en esta categoría presentan conductas antisociales. Pierrakos (1987), quien colaboró con Lowen en la definición de los tipos básicos de carácter les llama agresivos. Por mi parte, coincido con Johnson (1991) al considerar que la palabra narcisista es más adecuada para referirse a estas personas, y además tiene una mayor validez consensual en el medio de la psicología clínica y la psiquiatría.

En *Bioenergetics*, Lowen colocó a los tipos en una jerarquía según el grado en que se permiten tener cercanía e intimidad con sus semejantes y también conforme a su búsqueda de placer. De este modo, los tipos de carácter quedan en un orden de menor a mayor posibilidad de contacto (y, por lo tanto, de menos a más "salud"): así, el carácter esquizoide es el menos "sano", seguido del oral, el psicopático y el masoquista; el rígido es el más cercano a la "salud".

En su obra titulada *Narcissim*, Lowen (1985) aparentemente rectificó su posición al mencionar cinco tipos de conflicto narcisista, ordenados en orden creciente: el carácter fálico-narcisista, el carácter narcisista, la personalidad limítrofe, la personalidad psicopática y la personalidad paranoide.

Recientemente, también la escuela de John Pierrakos ha incluido una "estructura defensiva de personalidad fronteriza", que coloca junto a los cinco tipos propuestos por Lowen en *Bioenergetics* (1975). Este tipo, según Sarant (1992), presenta similitudes con las estructuras esquizoide, masoquista y psicopática. Obviamente, la organización fronteriza de la personalidad es mucho más compleja que esto;

colocarla entre una tipología relativamente simple y jerarquizada como la de Lowen limita el concepto. El concepto de organización fronteriza es más amplio que la mayoría de los otros tipos, de modo que parece mejor colocarla en otro nivel de abstracción, junto a la estructura de carácter neurótico y la estructura psicótica, como lo hace Serrano (1990).

Ellsworth Baker

Ellsworth Baker es mucho menos conocido que Reich. Su único libro, *Man in the Trap* (1967), nunca alcanzó el tiraje de los libros de Lowen, ni fue traducido al español. No obstante, es uno de los discípulos más connotados de Reich. Éste le encargó que continuara con la formación de terapeutas y le tuvo tanta confianza que le remitió como pacientes a su tercera esposa, Ilse Olledorf, y a su hija Eva.

El doctor Baker basó su caracterología en las zonas erógenas propuestas por Freud y sus seguidores, y añadió una: los ojos.

Ciertamente, Reich había mencionado la posibilidad de que existieran bloqueos a este nivel, ya que el segmento ocular era uno de los siete que, según él, formaban la coraza. Baker fue más allá y habló de una etapa ocular en la cual se hace el primer contacto específico con el medio ambiente, contacto que siempre tiene la potencialidad de permitirnos alcanzar cosas más lejanas.

Esta área se puede traumatizar por medios físicos o por encontrarse con expresiones frías, rechazantes o atemorizantes. Para Baker, la etapa ocular es sucedida inmediatamente por la oral, pero el desarrollo de los ojos sigue (Baker, 1967, pp. 44-45). De este modo, Baker hablaría de cinco etapas de desarrollo emocional que corresponden a las cuatro zonas erógenas (tanto la fase fálica como la genital corresponden a zona genital. Baker considera que la fase fálica es un desarrollo temprano de la fase genital). El bloqueo en una fase (y por tanto en una zona) produce una concentración de energía que determina el carácter, o al menos, la presencia de rasgos característicos de esta etapa. Así, enlista los caracteres genitales, fálicos, anales, orales y oculares. Para Baker existen diferentes posibilidades de bloqueo en cada etapa-zona, de modo que hay tres tipos oculares, dos orales, y así por el estilo. En el siguiente cuadro presentamos el conjunto de tipos propuestos por Baker, así como y su posible correspondencia con los tipos establecidos por Lowen y también con los que describiera Reich.

Cuadro 3.1 Equivalencias aproximadas de los tipos de carácter propuestos por Reich y sus discípulos

Reich	Baker (1967)	Lowen (1958)	Lowen (1975)
	Tipos oculares		
	Esquizofrenia	Esquizofrénico	
		Esquizoide	Esquizoide
	Epilepsia esencial		
	Voyerista		
	Tipos orales		
	Oral inhibido	Oral	Oral
	Oral insatisfecho		
			Psicopático
	Tipos anales		
Masoquista	Masoquista	Masoquista	Masoquista
Compulsivo	Compulsivo		Rígido
Pasivo-femenino	Pasivo-femenino	Pasivo-femenino	Rígido (en parte)
	Tipos fálicos		
Fálico narcisista	Fálico-narcisista	Fálico-narcisista	Rígido
	Para Baker, las mujeres pueden ser fálico narcisistas	Masculino-agresivo	Rígido
	Depresivo-crónico		
	Maníaco-depresivo		
	Alcohólico		
	Tipos genitales		
Histérico	Histérico	Histérico	Rígido
Genital	Genital	Para Lowen, el individuo sano no tiene carácter	

Otras tipologías influidas por Reich

En *The Body Reveals,* Kurz y Prestera (1976) retomaron algunos de los tipos propuestos por Lowen, utilizando una terminología distinta a la de la psiquiatría y la psicología clínica. Describieron los siguientes tipos: **necesitado o menesteroso** (*needy*, en el original); **abrumado** (*burdened*); **rígido; pesado de arriba** (*Top-Heavy*), que habitualmente es varón, y **pesado de abajo**, que habitualmente es mujer. Para estos autores, estos tipos representan las formas en que el cuerpo tiende a diferir de una estructura ideal, "normal". De ningún modo pretendieron hacer una lista exhaustiva de tipos. Los caracteres necesitado, abrumado y rígido tienen una correspondencia precisa con los tipos que Lowen describió en Bioenergética. El tipo pesado de arriba correspondería, de alguna manera, al psicopático duro de Lowen. El tipo pesado de abajo, tratándose de una mujer, corresponde en parte a la descripción de la mujer agresiva que hace Pierrakos (1972), pero puede considerársele un tipo original.

Stephen Johnson (1985) actualizó los tipos de carácter propuestos por Lowen al integrar la Teoría de las relaciones objetales y la Psicología del yo con el Análisis del carácter. Como comentamos arriba, prefiere, acertadamente, llamar narcisista al carácter psicopático. Describe, además, un nuevo tipo: el carácter simbiótico. Este tipo tiene tanto características orales como masoquistas. Se trata de una persona que no puede vivir sino en función de otro. Tiene características similares a la histeria de angustia que describe Fenichel (1945) y al paciente fóbico del que hablan Mackinnon y Michels (1971). A continuación presento un cuadro de equivalencias de los tipos que, basándose en el trabajo de Lowen, proponen Kurz y Prestera y Johnson.

Tanto Kurz y Prestera como Johnson serán tratados en el siguiente capítulo debido a que sus contribuciones van más allá de darle nuevos nombres a los tipos propuestos por Lowen.

Cuadro 3.2 Equivalencias entre los tipos propuestos por Lowen, Kurz y Prestera y Johnson

Lowen (1975)	Kurz y Prestera (1976)	Johnson (1991)
Esquizoide		Esquizoide
Oral	Necesitado	Oral
Psicopático	Pesado de arriba	Narcisista
Masoquista	Abrumado	Masoquista
Rígido	Rígido	Rígido

Limitaciones del modelo

Limitaciones conceptuales

El concepto del carácter

Ya mencioné la relación entre Yo y carácter en Freud y Reich. En resumen, para Freud el carácter del Yo implica lo que le es propio al Yo, la manera como maneja los impulsos y la forma en que ha incorporado a las personas significativas. Reich, por su parte, considera que el carácter es un endurecimiento del Yo, endurecimiento al cual hay que atacar.

En *Bioenergetics*, Lowen (1975, p. 137) definió el carácter como "un patrón fijo de conducta, el modo típico en que el individuo maneja su búsqueda de placer". Subrayó los aspectos defensivos del carácter al afirmar que el carácter se estructura en el cuerpo mediante tensiones musculares crónicas, y el aspecto psíquico, por un sistema de negaciones, racionalizaciones y proyecciones conectadas al ideal del Yo.

En general, la literatura psicocorporal ve al carácter como una defensa, una parte que se resiste al cambio, como una máscara, más que como un modo de ser, resultado de identificaciones. Por mi parte, prefiero sumarme a quienes consideran que el carácter es una forma de estructuración del Yo, que puede ser más o menos cercana a la salud y que implica patrones de conducta con una alta probabilidad de aparición. Frecuentemente encontramos individuos que presentan rasgos típicos de una estructura de carácter sin que por ello podamos afirmar que están perturbados o tienen algún tipo de trastorno. En este sentido, es preciso subrayar que en cada tipo de carácter puede presentarse una gama de individuos de lo "sano" a lo "trastornado". Así, podríamos hablar de una psiconeurosis histérica, de una personalidad histriónica y de un "estilo", digamos dramático, cortesano o hiperfemenino (para no usar una palabra con una carga patológica). En todos los casos, las personas tendrían, predominantemente, rasgos de carácter histéricos.

Yo y Self

Freud utilizó el término Yo de modo ambiguo. Estas dificultades se hacen aún mayores si tomamos en cuenta que Strachey decidió traducir *ich* como Ego, palabra que, aunque adecuada para referirse a la instancia psíquica propuesta en *El Yo y el Ello*, ha adquirido, en algunos círculos, una connotación negativa. Por si fuera poca dificultad, el término inglés *Self* o el alemán *Selbst* han sido utilizados para designar tanto a la propia persona como a la representación de la propia persona o incluso a un núcleo central y totalizador de la personalidad (Jung). En Freud, el término Yo (*Ich* en alemán) puede implicar:

- Una instancia psíquica. La organización de procesos y funciones psíquicas (y tal vez las mismas funciones). En este sentido, el Yo es una instancia psíquica que se explica en función de su relación con otras dos instancias: el Ello y el Superyo.
- Autoimagen. Las representaciones de uno mismo en relación con representaciones de los demás (objetos). Es en este sentido, que Kernberg propone el uso de la palabra Self. Si entendemos así Self, resulta que el Self es una estructura incrustada en el Yo.
- La propia persona. En términos generales, Reich se refirió al Yo como instancia psíquica aun cuando hablar del carácter del Yo implica más al carácter de la persona.

La forma en que Lowen se ha referido al Yo y al Self ha evolucionado desde la publicación de *Language of the Body*, en 1958. En esa obra, se apoya El Yo y el Ello de Freud para fundamentar su forma de comprender al ser humano y de hacer psicoterapia al enfatizar los aspectos corporales del yo. En *Pleasure*, Lowen (1970, p. 163) considera que, en una persona sana, el yo está arraigado en los sentimientos del cuerpo y relaciona la disociación del yo respecto al cuerpo con el dolor. En *Bioenergetics* (1975), sigue con esta línea de pensamiento al oponer los aspectos "mentales" del yo, concretamente el ideal del yo a la búsqueda del placer del cuerpo. En *Narcisismo* (1983), utiliza el término ego para referirse a una organización mental, a una proyección del ser corpóreo en oposición a un self que es el cuerpo viviente, en contacto con los sentimientos[2]. Así, el narcisismo sería resultado del predominio de la imagen del Yo inflado sobre el Self corporal, asiento de los sentimientos. El Yo, en tanto mental, estaría contenido en el Self, que incluye cuerpo y mente.

Lowen tiene razón en tanto que se refiere al papel que juega el Yo en la disociación mente-cuerpo y a sus consecuencias en las diferentes patologías del carácter y al dolor en general. No puedo decir que el uso que le da al término yo sea incorrecto, es sólo que enfatiza la relación del Yo con los aspectos defensivos del carácter y la posibilidad de que la autoimagen se disocie de las sensaciones y sentimientos del cuerpo. De este modo, contrapone al cuerpo y al Self, y propicia una visión en la cual el Yo aparece como un pequeño tirano al que hay que derrocar para "liberar" al cuerpo, en lugar de lo que en realidad es: el director de una empresa que ha de rendirle cuentas a una asamblea de accionistas.

Pierrakos distingue un Yo creativo, equivalente aproximado del Ego que postuló Freud, y un Yo-máscara, especie de autoimagen distorsionada, defensivo y controlador. Éste puede verse como un intento de aclarar el uso del término Ego o como una contribución más a la confusión.

---

[2] En la versión castellana, el traductor H. Sotomayor hace que *Self* equivalga a Yo y conserva la palabra Ego de la versión original. Así se pierde el contraste que Lowen quiere hacer.

Lowen emplea el término Self en un sentido amplio, que parece implicar la totalidad de la persona. Otros influyentes autores contemporáneos han utilizado el término en un sentido diferente. Para Kernberg (1977), por ejemplo, el self es una estructura incrustada en el Yo y es la suma total de todas las representaciones de la propia persona, en íntima relación con las de los objetos. No quiero decir que un autor tenga más razón que otro. El propio Kernberg se ha referido a los diversos usos del término Self en la literatura psicoanalítica. Cada autor se toma la libertad de usar las palabras como le parece conveniente, y al hacerlo contribuye a la confusión. En la literatura psicocorporal la falta de precisión conceptual es más grave, debido a que la mayoría de las obras están escritas para un público amplio y, por lo tanto, no hacen cuidadosas revisiones de la literatura correspondiente ni definen sus términos con precisión.

En resumen, la literatura psicocorporal subraya los aspectos defensivos del Yo y del carácter, y postula un Self naturalmente bueno o sano. La confusión aumenta por el descuido al hacer las versiones en español de los trabajos de Lowen. Tanto en Bioenergética como en Narcisismo se traduce Self como Yo (con mayúscula) y Ego por yo, borrando la diferencia entre dos estructuras psíquicas; el Yo o ego y el Self. Otros traductores han preferido conservar la palabra Self, que no tiene equivalencia en español, o utilizar la expresión *sí-mismo* en lugar de Self.

La jerarquía de tipos

La idea de etapas más primitivas y otras más elevadas merece ser comentada con más detenimiento. Tanto en los trabajos de psicología social como en los "clínicos" (los que se referían propiamente a psicoterapia) de Freud se advierte la influencia de ideas evolucionistas. Con frecuencia, Freud compara el desarrollo del individuo con el de las sociedades. El pensamiento primitivo es comparado con el infantil y, desde luego, la madurez con la civilización (occidental, por supuesto). Esto supone que hay que "superar" etapas y que las etapas más tempranas son menos buenas que las siguientes. Con base en estas nociones, es posible jerarquizar los tipos de carácter. En la medida en que un individuo presente rasgos derivados de etapas "primitivas", solemos decir que es menos "bueno" que aquel que tiene rasgos de etapas superiores.

Hartmann (1951) explicó que un mecanismo de defensa puede investirse de otras funciones, es decir, ser autónomo secundariamente. De esta forma, sin negar su origen defensivo, puede volverse un rasgo muy valioso. Las formaciones reactivas que se erigieron contra los impulsos orales, anales o fálicos pueden correr con esta misma suerte, es decir, ser originalmente una defensa contra los impulsos y luego adquirir autonomía funcional. De este modo, su valor en sí podría ser más importante para la vida cotidiana del individuo que su origen defensivo.

Al referirse concretamente al desarrollo psicosexual, (en el cual se basa la caracterología de Lowen), Kohut (Miriam Elson, 1987, pp. 30-31) dice que un punto de fijación relativamente primitivo y su posterior desarrollo pueden conducir a un resultado valioso y afirma: "decir que lo genital es mejor que lo anal, y que lo anal es un poquito mejor que lo oral, y que todos son mucho mejores que el narcisismo primario, no tiene sentido. Estos conceptos no deberían ser juicios de valor". Pero en el concepto de carácter genital está implícito un juicio de valor: hay un tipo de carácter "sano"; los demás son "neuróticos".

Al jerarquizar los tipos de carácter, Lowen afirma que hay tipos "mejores" que otros y hace juicios aún más peligrosos que los del propio Reich. Si aceptamos que un tipo de carácter es "el mejor" o que hay tipos mejores que otros, limitamos la utilidad del concepto de carácter, restringiéndolo a lo patológico. Así, no es posible utilizarlo para dar cuenta de ese sello personal que cada quien imprime a todas sus acciones, de lo que nos es propio, en términos que no sean peyorativos. Además, al basarse en una serie de etapas de desarrollo de las pulsiones, este modelo supone que si el carácter de un individuo adulto se define por la existencia de rasgos de una etapa más temprana es menos "maduro" o "sano", o de alguna manera tiene menos posibilidades que aquel con rasgos de etapas superiores. Estos juicios de valor se desprenden necesariamente de una teoría que tiende a considerar a los mecanismos de defensa como "malos". En esta lógica, cuanto más primitivo es un mecanismo, será peor para la persona que lo utilice.

Desde hace varios años, tengo la convicción de que no hay una sola forma de estar sano. Una persona rígida no es necesariamente más sana que una esquizoide o una oral. Cada tipo de carácter y, más específicamente, cada individuo, puede alcanzar la "salud" de diferentes maneras. Existen tantas definiciones de salud como personas, o aún más, en la medida en que el libre proceso de contracción y expansión del organismo puede llevar a muchas formas de plenitud.

El modelo de conflicto

Por brillante que sea, una teoría no pasa de ser un modelo o analogía de la realidad, que puede ser más o menos cierta y más o menos útil en diferentes casos. Reich y sus discípulos han trabajado sobre la vieja suposición psicoanalítica del conflicto entre los impulsos y las fuerzas defensivas que les impiden una descarga cabal. Expresado en términos de instancias psíquicas, el conflicto puede expresarse como Yo + Superyo *vs.* Ello o como Yo *vs.* Superyo + Ello. Prescindiendo de la terminología psicoanalítica, el modelo puede ser modificado de manera que no se hable de impulsos sino de núcleo (*core*) o Self, en oposición a máscara, roles, clichés, etcétera. Como comenté antes, un modelo así genera gráficas en las cuales la personalidad se representa como una cebolla.

Considerar que el carácter resulta de la interacción (casi siempre del conflicto) entre los impulsos y las defensas, así como postular la existencia de impulsos "buenos" y defensas "malas" genera los siguientes supuestos:

- Existe un núcleo naturalmente bueno.
- Al verse lastimado o coartado en su expresión, erige defensas.
- Las defensas utilizan la energía del núcleo para mantenerse.
- Existen diferentes capas que van de lo superficial a lo profundo, de lo defensivo a lo auténtico.

- Las defensas son distorsionadas de las cualidades genuinas de la persona.
- En términos generales, las capas profundas son más emocionales, las superficiales son más "intelectuales".

Estos supuestos llevan a la idea de que el terapeuta debe propiciar "la ruptura final de la armadura" o la "liberación". La catarsis puede verse como meta terapéutica, con lo que se dejan de lado los aspectos positivos, adaptativos de los rasgos de origen reactivo y se puede favorecer la expresión de una impulsividad bien racionalizada y estilos de vida desorganizados o hasta caóticos. No pretendo negar el valor de la descarga: la experiencia clínica nos demuestra su utilidad una y otra vez. Muchas personas inhibidas, cuando consiguen expresar sus sentimientos, experimentan alivio y bienestar; es común que disminuyan o desaparezcan somatizaciones, en tanto que éstas son equivalentes de afectos, y que aprendan a expresar sus emociones de un modo más conveniente en la vida cotidiana. Pero sabemos también por Reich que las emociones pueden ser defensas, es decir, que ciertas emociones pueden externarse para ocultar otras. Cualquier terapeuta de orientación corporal conocerá casos en los que una persona puede llorar, sentir miedo o expresar rabia durante muchas sesiones, y experimentar un alivio momentáneo sin mejorar visiblemente: la catarsis también puede generar adicción. El énfasis en la catarsis ataca las fuerzas represivas, pero deja de lado la función de contención de los impulsos.

El modelo de conflicto entre instancias psíquicas sigue siendo adecuado para el estudio y tratamiento de las neurosis, pero no es el más adecuado para comprender trastornos poco frecuentes (o no diagnosticados) en la primera mitad del siglo: la organización fronteriza de la personalidad y el narcisismo. Incluso para el caso de las neurosis, el modelo del conflicto (como cualquier otro) puede tener limitaciones.

Por último, si el modelo de conflicto es el punto central de una caracterología con fundamentos psicoanalíticos, entonces el carácter necesariamente es una defensa. Si, por otra parte, no solamente seguimos la sugerencia de Freud en *El carácter y el erotismo anal* en cuanto al origen de los rasgos de carácter, sino que también atendemos al nexo que existe entre las relaciones de objeto y el carácter, podremos enriquecer la caracterología reichiana con la teoría de las relaciones objetales. Si bien Reich, de alguna manera, incluyó el tema al hablar de los factores determinantes en la formación del carácter, abordando la importancia del principal agente frustrante de impulsos y la posterior identificación con él, no tomó en cuenta la posibilidad de identificaciones de signo positivo. Relacionar los brillantes hallazgos de Reich con el psicoanálisis contemporáneo, o con otras teorías psicológicas, y construir una caracterología que no esté basada en el modelo de conflicto quedó para autores de otra generación, de los que hablaremos en el siguiente capítulo.

IV

Nuevos modelos psicocorporales

En los escritos clínicos de Reich, particularmente en *Análisis del carácter*, podemos encontrar los fundamentos de al menos tres modelos para la comprensión de la relación cuerpo-mente. En el capítulo anterior traté ampliamente el primero de ellos, basado en la suposición de que el carácter se origina y se mantiene merced al conflicto entre los impulsos y las defensas. Para este modelo, cada tipo de carácter es necesariamente un compromiso, un modo patológico de ser, de tal modo que los nombres de los distintos tipos de carácter corresponden a los de entidades nosológicas relacionadas, en principio, con etapas de desarrollo de la libido. Reich describió, al menos, un carácter sano: el genital. Lowen (1958) prefiere afirmar que todas las estructuras de carácter son patológicas, en la medida en que los modos característicos de respuesta están estructurados o congelados y las personas no son conscientes de ellas.

Al considerar que la dimensión física y la psicológica son como dos caras de la misma moneda, Reich dio un paso gigantesco para la comprensión de la individualidad y su relación con el cuerpo-mente. Pero el modelo del conflicto subraya la importancia de los aspectos patológicos del carácter. El concepto de carácter se empobrece si se restringe a la defensa, a lo patológico, o aun al desarrollo de la libido. De todas formas, Reich y Lowen hacen más que describir tipos de carácter en términos del conflicto entre los impulsos y las defensas. Sus trabajos apuntan hacia otras formas de ver el carácter y la tipología que proponen ha servido de base para otros desarrollos teóricos, como es el caso de Kurz y Prestera (1976), Lewis (1974, 1980), Johnson (1985) y Leites (1977). La aportación de estos autores, por lo tanto, merece ser tratada con más detalle.

El mismo Reich sentó las bases de otras dos formas de entender la relación de lo psíquico con lo corporal: en la primera, considera la "psicología" de las diferentes partes del cuerpo, y en la segunda la reacción del organismo total ante el medio ambiente.

A lo largo del libro *Análisis del carácter*, se pueden leer descripciones de cómo la tensión o los movimientos de ciertas partes del cuerpo se relacionan con actitudes ante la vida. Reich sistematizó este enfoque en *El lenguaje expresivo de lo vivo* (Reich, 1949). Ahí describe un arreglo segmentario de la coraza caracterológica en el cual, en las tensiones de cada segmento pueden encontrarse emociones reprimidas. Más recientemente, Kurz y Prestera (1976), Dychtwald (1977) y Roberto Navarro (1984) han descrito las correlaciones "psicológicas" de diferentes partes del cuerpo, sin seguir los segmentos propuestos por Reich. Llamaremos a este modelo Cartografía corporal.

El tercer modelo, también propuesto por Reich, en *El lenguaje expresivo de lo vivo* (1949), considera la respuesta del organismo total ante el medio ambiente, y prescinde de términos clínicos. Para ello se vale de analogías biológicas, comparando la respuesta del ser humano ante las demandas de la vida con la de organismos relativamente simples como la medusa, el gusano anillado o la amiba. Hace descripciones concretas de lo que sucede al nivel de sistemas y tejidos en los animales, incluyendo al ser humano. Este paradigma ha sido desarrollado por Keleman (1984) y Painter (1984).

Dejar la exposición hasta aquí sería ignorar las contribuciones de las diferentes escuelas europeas de terapia psicocorporal. La gran difusión que ha alcanzado la obra de Lowen y la situación geográfica de México ha propiciado que las contribuciones de las escuelas europeas casi no se conoscan. Trataremos de compensar esta situación describiendo brevemente las aportaciones de los autores cuyos escritos he podido conocer. Ellos son Federico Navarro (1988, 1990) y Xavier Serrano (1990, 1994), de la *Escuela Europea de Orgónterapia*, y Luciano Rispoli (1993), quien dirige la *Sociedad Italiana de Psicoterapia Funcional Corporal*.

Otras interpretaciones de la caracterología de Lowen

Consideraciones generales

Si Reich basó su investigación sobre la naturaleza y función del carácter en la teoría psicoanalítica de las dos primeras décadas del siglo, Lowen intentó relacionarlas con la psicología del yo, que estaba en boga cuando él escribió, en 1958, su *Physical Dynamics of Character Structure*, publicado subsecuentemente con el más popular título de *The Language of the Body*, (en español, *El lenguaje del cuerpo*). En este trabajo, como en los que le siguieron, Lowen relaciona la fortaleza del yo con la agresión y el arraigo. También relaciona la agresión con la capacidad de moverse enérgicamente hacia los objetos y ser capaz de tomar lo que uno necesita del mundo. No se refiere, desde luego, a violar los derechos de otros, si no a la firmeza y energía que se necesita para llevar a cabo una tarea. La agresión, en este sentido, está en relación directa con características concretas del cuerpo como fuerza, tono muscular, coordinación, resistencia y flexibilidad. El arraigo, concepto fundamental para Lowen, implica la relación de la persona con la Tierra y su propio cuerpo, que deben "anclar" lo mental. Lowen relaciona la seguridad emocional con la seguridad corporal que se siente cuando los pies y piernas hacen un buen contacto con el suelo. Arraigarse implica también renunciar a las ilusiones típicas de cada estructura de carácter.

Tanto Reich como Lowen le dan mucha importancia al conflicto entre el impulso y las defensas. Reich subraya la importancia de la represión del impulso sexual. Por su parte, Lowen enfatiza el papel de la represión de los sentimientos en la génesis y mantenimiento de diversos tipos de carácter. Ciertamente, las descripciones que Reich y Lowen hacen de los modos típicos de carácter pueden verse de otras maneras. Por ejemplo, la jerarquía que Lowen (1975) propone en *Bioenergetics* está en función del grado en que permiten intimidad y contacto. En la misma jerarquía están implícitas diferentes ilusiones con las que el individuo opera al relacionarse con los demás. En la medida en que la persona se arraiga en la realidad de su propio cuerpo y hace contacto con sus sentimientos, puede relacionarse de maneras más plenas con los demás. De todas formas, tanto en los escritos de Reich como en los de Lowen, los otros aparecen muchas veces oponiéndose a los impulsos o incapaces de satisfacer necesidades. Esto ocasiona que la práctica de la terapia psicocorporal de orientación reichiana esté basada en una teoría de formación del carácter que pone el mayor énfasis en el conflicto entre el impulso y las defensas.

Otros autores han sido más explícitos que los discípulos de Reich al formular modelos alternativos al del conflicto. Si, como afirman Gedo y Golberg (1973), el psicoanálisis implica diferentes "modelos de la mente", y cada uno de ellos es apropiado para entender diferentes trastornos, lo mismo es cierto para los modelos psicocorporales. El modelo del conflicto que proponen Reich y sus discípulos corresponde a dos de los modelos que proponen estos autores: el del arco reflejo y el tripartito. El primero sostiene que el yo trata de deshacerse del exceso de excitación, ya sea que ésta surja del interior del organismo o del exterior, mediante la descarga. Ésta puede darse en la fantasía o en la actividad motriz voluntaria, que tiende a la satisfacción efectiva de las necesidades, y al hacerlo elimina la fuente de sobrestimulación interna o externa. La asociación libre y, en general, la comunicación verbal que se da en las terapias tradicionales ciertamente es una forma de descarga. Las terapias psicocorporales han procurado que la descarga sea, en la medida de lo posible, motora.

En el capítulo siguiente expondremos algunos argumentos en favor de las descargas motoras y discutiremos el desahogo emocional. El modelo tripartito postula la existencia de tres instancias o estructuras psíquicas: el Yo, el Ello y el Superyo. De acuerdo con este esquema, el conflicto entre impulso y defensas es un conflicto entre instancias: el Yo y el Superyo contra el Ello, o el Superyo y el Ello contra el Yo. La terapia psicocorporal frecuentemente se coloca del lado del impulso, al recomendar el uso de técnicas expresivas. Por ejemplo, cuando alguien golpea un diván con los puños o algún instrumento, el conflicto se vuelve: Yo (que ya no pone la barrera del pensamiento entre el impulso y la acción) + Ello contra Superyo (aquellas personas que de alguna manera frustraron la descarga de los impulsos o no fueron capaces de satisfacer necesidades, en tanto que internalizadas). Tal vez la teorización de Reich y sus discípulos respecto al superyo no coincida del todo con la de otras variantes de la teoría psicoanalítica, pero ése no es el punto a discutir ahora.

¿Qué explica y qué no el modelo del conflicto? ¿Se pueden explicar todos los trastornos de carácter de acuerdo con el modelo del conflicto o, mejor dicho, todo lo relativo a la naturaleza, función y patología del carácter se *reduce* a conflictos?

Tal como lo dicen Gedo y Goldberg, los diferentes "modelos de la mente" son adecuados para entender diferentes patologías. El modelo del conflicto es adecuado para describir ciertos aspectos de la naturaleza y función del carácter, pero no todos.

Basándose en la obra de Reich y Lowen, una nueva generación de terapeutas ha desarrollado teorías que contribuyen a enriquecer tanto la teoría de la formación del carácter como la tipología. Ellos han enriquecido la caracterología psicocorporal utilizando otros modelos de la mente inherentes al psicoanálisis.

Ron Kurz y Héctor Prestera

En el capítulo anterior comenté que Kurz y Prestera, basándose en la caracterología de Lowen, describieron los siguientes tipos: el necesitado o menesteroso (*needy* en el original) equivale al tipo oral de Lowen; el abrumado (*burdened*), al masoquista; la descripción del tipo rígido es equivalente en los dos trabajos; el tipo pesado de arriba (*top-heavy*), habitualmente varón, es alguien cuyo peso y energía se encuentra desplazada en la parte de arriba del cuerpo, es decir, una persona de piernas relativamente débiles y un torso desproporcionadamente grande; y, finalmente, el tipo pesado de abajo (*bottom-heavy*), habitualmente mujer, tiene las piernas y caderas anchas, y un torso desproporcionadamente más pequeño. Las equivalencias de estos tipos con los propuestos por Lowen pueden verse en el cuadro 3.2. En la medida en que estos autores prescinden de términos clínicos, es correcta la denominación de rígido, el cual no tiene que ver con una etapa de desarrollo ni con una categoría diagnóstica. Para Kurz y Prestera, cada uno de los tipos representa un modo en que el cuerpo tiende a diferir de la estructura "normal". Proponen, incluso mediante ilustraciones, diferentes grados de un continuo entre la estructura "normal" y cada una de las "desviaciones". De este modo, admiten la existencia de continuos en un extremo de los cuales se sitúa la "normalidad" y en el otro cada uno de los tipos que describen. Aun cuando cualquiera que trabaje con una tipología basada en Reich pronto reconoce que los rasgos que determinan cada tipo pueden tener mayor o menor intensidad, Kurz y Prestera tienen el mérito de ser muy claros al respecto. Si nuestra opción es considerar que una persona tiene o no rasgos orales, somos más crudos al hacer un diagnóstico que si pensamos en la posibilidad de tener un mayor o menor grado de oralidad.

Robert Lewis

Posiblemente, Robert Lewis (1974) fue el primero que se ocupó de relacionar la bioenergética con las teorías psicoanalíticas recientes. Es por eso que en sus trabajos está implícito un rechazo a la jerarquía de tipos caracterológicos de Lowen. Formado tanto en bioenergética como en psicoanálisis, relacionó la capacidad de pararse y caminar con el proceso de individuación, al afirmar que la coordinación motora está sujeta a sus propias vicisitudes, que no son las mismas que las del desarrollo psicosexual. De este modo, el desarrollo motor se puede acelerar, retardar e interrumpir. En otro trabajo (Lewis, 1980), relacionó el "*choque* cefálico" (que está relacionado con el carácter esquizoide y con el bloqueo en los primeros tres segmentos de la coraza) con la relación del niño con una madre que no es "suficientemente buena" en términos de Winnicot. Una madre así no es capaz de percibir las necesidades de su bebé por estar demasiado ocupada en las suyas propias. De este modo, las necesidades del pequeño se cubren a destiempo, violando su ritmo. La descripción que hace Lewis del origen de esta forma particular de sufrimiento (y de adaptación) es mucho más sutil que el conflicto entre impulsos y defensas.

Andrés Leites

Por detallada que sea la descripción de los tipos de carácter propuestos por Lowen, cada individuo tiene un modo único de expresarse. Si encontráramos varias personas que se ajustaran, por ejemplo, a la descripción de "carácter oral" que da Lowen, cada una de ellas tendría su forma particular de ser "oral". Deben existir entonces otras variables que determinen las diferencias individuales. Respondiendo a este problema, Andrés Leites (1977), terapeuta psicocorporal mexicano formado en bioenergética y core-energética, propone al menos tres factores a los cuales llama modificadores y que influyen en las actitudes caracterológicas básicas. Los "modificadores" que describe son la razón, el sentimiento y la voluntad. En su trabajo no aclara cómo llegó a la conclusión de que los modificadores son estos y no otros, o cuáles podrían sumarse a la lista. Las dos primeras coinciden con dos de las funciones psíquicas básicas que propusiera Jung.

Para Leites, los "modificadores" son núcleos alrededor de los cuales se desarrolla el yo. Cada uno de ellos se orienta selectivamente hacia el desarrollo de uno o dos de los núcleos, como una adaptación a su medio ambiente. La predominancia de una de estas cualidades puede modificar o matizar las estructuras caracterológicas. De esta manera, tendríamos una clasificación de "orales racionales", "orales emotivos" y "orales con predominio de la voluntad", y así para cada una de las estructuras de carácter. Esta sugerencia de Leites contribuye a que los tipos de carácter propuestos por la bioenergética sean menos determinantes, y a la vez a que el diagnóstico y el tratamiento de quienes acuden a consulta sea más preciso.

Stephen Johnson

Johnson, cuya formación incluye la bioenergética, ha publicado tres libros (1985, 1987, 1991) en los cuales se propone hacer una síntesis de la psicología del yo (Hartmann, A. Freud entre otros), la teoría de las relaciones objetales (Winnicott, Mahler, Jacobson, Kernberg) y teoría del Self (Kohut), atendiendo más a las semejanzas que a las diferencias que existen entre ellas. En conjunto se refiere a este cuerpo de conocimientos como Psicología del desarrollo. Hecha esta síntesis, realiza una nueva integración de la psicología del desarrollo con la teoría del carácter basada en los hallazgos de Reich y Lowen y otros. Johnson afirma que es necesario integrar los hallazgos de Reich y la escuela Bioenergética al contexto más amplio de la teoría psicoanalítica, al cual pertenece. Llama a este enfoque caracterológico-epigenético (*characterological-developmental*).

Para Johnson (1985), las teorías corporales del carácter ayudan a fundamentar una forma de hacer psicoterapia que toma en cuenta los afectos primitivos como ninguna otra. Pero, además de enfocar el problema del carácter desde el punto de vista del conflicto, recurre a las teorías psicoanalíticas del desarrollo. Estas teorías, al describir aspectos del desarrollo afectivo, cognitivo e interpersonal apuntan hacia logros que el ser humano tiene en diferentes etapas y a carencias que pueden existir, de no encontrar un medio ambiente suficientemente bueno. Por eso, las teorías del desarrollo apuntan al déficit que cada tipo de carácter puede presentar.

Como vimos en el capítulo anterior, Johnson se basa en los tipos de carácter que propone Lowen (1975) en *Bioenergetics*. Al tipo psicopático de Lowen le llama narcisista, y al rígido, edípico (Johnson, 1991). Las denominaciones de Johnson son consistentes con la Teoría psicoanalítica. Ya he comentado lo poco afortunado del término psicopático y la amplitud del término rígido tal como los usó Lowen (vea el apartado correspondiente a los tipos de carácter según otros discípulos de Reich). Además, Johnson añade el tipo simbiótico (vea el cuadro 3.2, en el capítulo III).

En *The symbiotic character* (1991), Johnson describió cada uno de los tipos en términos de constelación etiológica, constelación de síntomas, estilo cognitivo, mecanismos de defensa, creencias patogénicas, representación del Sí mismo, representaciones y relaciones objetales y características afectivas.

La caracterología de Reich se basó en el psicoanálisis de principios de siglo. Stephen Johnson la actualiza y fortalece al relacionarla con el psicoanálisis contemporáneo y otras teorías psicológicas. En una afortunada síntesis, logra que las diferentes teorías se complementen y apoyen entre sí y le da fundamentos más sólidos a la caracterología de inspiración reichiana.

Cartografía corporal

En todas las culturas, el cuerpo, sus funciones, muchas de sus partes, y ciertas conductas y actitudes, se han relacionado con características "psicológicas" y aun con aspectos esotéricos[1]. Algunos de estos simbolismos derivan del sentido común y las personas con capacidad de observación y descripción los descubren cada día.

Muchos escritores han sido capaces de crear, basados en su experiencia, personajes cuyos rasgos físicos son congruentes con su pensamiento, emociones y motivación. Los detectives hacen juicios sobre la personalidad de sus clientes y de los sujetos sospechosos, en las novelas y en la vida real. De hecho, todos hacemos una serie de inferencias sobre los demás al observarlos o escucharlos. Atribuimos rasgos de personalidad a los demás por las características de su rostro y otras señales no verbales (Schneider *et. al.*, 1979; Knapp, 1980).

Cuando nos encontramos en presencia de otra persona, tratamos de adquirir información sobre ella, o recordamos la información que ya poseemos al respecto. Esta información nos ayuda a definir la situación, a saber qué podemos esperar de ella, y qué es lo que ella espera de nosotros (Goffman, 1959). De esta manera, recurrimos a diversas fuentes de información, no del todo sistematizadas ni completamente conscientes, que tenemos de las personas.

Posiblemente, una de las habilidades que hacen a un terapeuta más capaz de entender las emociones de las personas que acuden a él sea la de observar lo obvio y lo sutil de la comunicación, más allá de las palabras. Freud, como clínico, fue un agudo observador de lo no verbal. Vale la pena repetir la cita del capítulo II:

---

[1] Al respecto, vea, por ejemplo, *Body Magic*, de Walker, B. (1979). Cirlot, en *A dictionary of symbols* (English Translation by Routledge & Kegan Paul ltd, Vail-Ballou Press, Inc., Nueva York, 1962.), incluye simbolismos de diferentes partes y actitudes del cuerpo, aunque su obra es más general.

> El que tenga ojos para ver y oídos para oir se convence de que los mortales no pueden guardar ningún secreto. Sí la boca está en silencio, murmuran con los dedos: la traición se abre camino por todos los poros de la piel.

Muchos otros terapeutas han insistido sobre la importancia de lo no verbal. Reich, Lowen, Pierrakos y otros terapeutas han asombrado a pacientes y discípulos con su habilidad para "leer" en el cuerpo los pensamientos, emociones y hasta la historia de quienes los consultaron. Ola Raknes (1970), quien fuera discípulo y paciente de Reich durante su estancia en Noruega, alabó "su agudeza para detectar el movimiento más sutil, la más pequeña inflexión en la voz, la sombra pasajera de un cambio en la expresión (...)".

En los terapeutas psicocorporales, esta habilidad va más allá de colocar a las personas en uno de los casilleros definidos por la caracterología de la que hablé en el capítulo anterior. En sus obras podemos encontrar descripciones que relacionan actitudes corporales con la problemática de sus pacientes. Al darle cada vez mayor importancia al cuerpo en su método terapéutico, Reich fue capaz de describir sistemáticamente las diferentes emociones que surgían al "liberar" a las personas de su armadura. En *The expresive language of the living* (1949), Reich consideró que la coraza caracterológica se disponía en siete anillos, organizados de lo rostral a lo caudal: ocular, oral, cervical, torácico, diafragmático, abdominal y pélvico. Este trabajo es, a mi manera de ver, uno de los escritos fundamentales para la teoría y la práctica de la terapia psicocorporal, aunque no incluya todas las observaciones que Reich hiciera sobre la relación cuerpo-mente.

Los hallazgos de Reich y sus seguidores no sólo se derivaron de la observación. Al aplicar sus manos directamente a las tensiones de los pacientes, o prescribir movimientos o posturas para diferentes partes del cuerpo, encontraron que diferentes personas, con tensiones similares en las mismas partes del cuerpo, experimentaban sentimientos parecidos o contaban historias similares. Esto ha originado diferentes descripciones de los correlatos entre la apariencia y las tensiones en diferentes partes del cuerpo, y la historia y actitudes propias de cada persona. Los reichianos ortodoxos han seguido el arreglo segmentario propuesto en *The expresive language of the living* (Reich, 1949), mientras los neoreichianos han propuesto otras coordenadas al intentar hacer mapas del cuerpo-mente.

En todos sus libros, Lowen también ha relacionado las tensiones crónicas de diferentes partes del cuerpo con las actitudes de quienes las presentan hacia su sexualidad, sus sentimientos, las otras personas, etcétera. Dedicó un capítulo de su *Bioenergetics* (1975) al lenguaje del cuerpo, sin intentar hacer un estudio exhaustivo del tema.

En la década de los 70, se publicaron dos libros que intentan describir sistemáticamente el significado psicológico del cuerpo y sus partes, sin seguir los segmentos. Kurz y Prestera (1977) dedican un capítulo de su *The Body Reveals* esa tarea. Dychtwald (1977) escribió todo un libro, *Cuerpomente*, dedicado a lo mismo. De él tomó la expresión cartografía corporal, pues en su obra se propuso hacer un mapa del cuerpo-mente. En México, Roberto Navarro (1984) también describió la relación de diferentes partes del cuerpo con variables "psicológicas". Ninguno de estos autores organizó su descripción del cuerpo y sus partes como lo hiciera Reich en *The expressive language of the living*. Kurz y Prestera, por ejemplo, después de considerar al cuerpo como un todo, lo dividen en pies, talón, rodilla y pierna, pelvis, tórax y abdomen, órganos internos, diafragma y pecho, hombros, espalda, cara, y cuello y cabeza. Es necesario subrayar que todos estos autores consideran que el cuerpo y la mente son dos aspectos de la misma realidad, y sólo dividen al cuerpo en partes con fines de exposición, porque ven a la unidad cuerpo-mente como un todo.

Recordaremos que para Reich, las descripciones de los tipos de carácter, y de la coraza caracterológica en sí, estaban en función del conflicto entre el impulso y las defensas. En conjunto, las descripciones que hacen tanto Kurz y Prestera como Dychtwald y Navarro se refieren a este conflicto, pero van más allá. Nos describen funciones y disfunciones de cada parte del cuerpo, así como características "psicológicas" de quienes las presentan y, desde luego, emociones que se contienen en ellas. Este enfoque, aunque indudablemente derivado del modelo de Reich y sus discípulos, representa un avance hacia una caracterología más fina. No sólo considera al cuerpo en términos de segmentos, también lo divide en parte anterior/parte posterior, cabeza/tronco y extremidades, arriba/abajo, y así hasta llegar a partes relacionadas con determinadas funciones.

Tanto el libro de Kurz y Prestera como el de Dychtwald, son obras de divulgación escritas para un público general. Hace falta una investigación más sistemática y detallada de diferentes partes y sistemas del cuerpo y su relación con las actitudes ante uno mismo y los demás. De este modo, se pueden describir tipos de carácter no sólo en razón de su cercanía o lejanía de la genitalidad, sino considerando dimensiones como integración-desintegración, fuerza-debilidad, impulsividad-control, hipertonía-hipotonía, inmadurez-madurez, eficiencia/gracia-ineficiencia/torpeza u otros.

En este modelo, insisto, el elemento principal no es el conflicto entre el impulso y las defensas. Abundan las referencias a la correlación que tiene determinada postura o tensión muscular crónica con la autoimagen, y el modo en que la persona percibe a su entorno físico y social. Evidentemente, las percepciones que se originan en el propio cuerpo influyen en el modo en que nos percibimos a nosotros mismos y al mundo. La teoría de las relaciones objetales, al describir el origen y funcionamiento del mundo de las representaciones podría ser una sólida base teórica para esa tarea. Cada uno de los continuos mencionados correspondería tanto a representaciones del cuerpo, sus partes y las relaciones que tienen éstas entre sí y con el todo, como a constelaciones de representaciones de sí mismo (en relación con representaciones de objetos) interactuando entre sí.

En el capítulo anterior vimos cómo Reich basó sus teorías sobre la naturaleza y función del carácter en el modelo de conflicto entre instancias psíquicas, basándose en lo que Freud (1908) expuso en *El carácter y el erotismo anal*. Si tomó en cuenta el papel que jugaban los otros significativos en la formación del carácter, fue en términos de frustración de impulsos (vea el apartado correspondiente a la teoría psicoanalítica de la formación del carácter, en el capítulo III). Queda por aclarar cómo se relaciona la sustitución de las cargas de objeto por identificaciones con el cuerpo. Recordemos que Freud, en *El Yo y el Ello* (1923, pp. 14-15), destacó el papel del cuerpo en la génesis del Yo afirmando que el Yo era, ante todo, un Yo corporal. En el mismo trabajo (p. 17), concibió al carácter del Yo como resultante de las cargas de objeto abandonadas. Es en este punto donde el modelo de cartografía corporal puede relacionarse con la teoría de las relaciones objetales, proporcionando nuevas herramientas al diagnóstico y tratamiento en la terapia psicocorporal.

Otto Kernberg (1977) ha descrito tres niveles de los procesos de internalización. En cada uno de ellos se encuentran tres elementos: la imagen de un objeto, la imagen del sí-mismo en interacción con ese objeto y un matiz afectivo que colorea esa interacción. En el primer nivel, la **introyección**, sobre todo si se trata de introyecciones muy tempranas, la imagen del objeto y la del sí-mismo no están claramente diferenciadas y el matiz afectivo es muy intenso. La **identificación**, en un segundo nivel, implica una diferenciación de la imagen del sí mismo con respecto a la del objeto. La imagen del objeto aparece adoptando un rol en su interacción con el sí mismo. El matiz afectivo es menos intenso y más diferenciado. Por último, la **identidad del yo** es el nivel más alto de internalización. En ella la persona tiene un sentido de continuidad o mismidad, es decir que se reconoce a sí misma en diferentes momentos y áreas de la vida. Tiene también una organización coherente del "mundo de los objetos". Percibe que sus interacciones con los objetos son consistentes. Por último, se da cuenta de que es reconocida como "un actor definido" en su ambiente interpersonal.

En párrafos anteriores mencioné que los terapeutas psicocorporales encuentran que, muchas veces, las personas con tensiones similares muchas veces tienen historias parecidas o experimentan las mismas emociones. Los recuerdos que surgen al trabajar con el cuerpo pueden describirse en términos de los dos primeros procesos de internalización que plantea Kernberg. En ocasiones, llegan a ocurrir regresiones en las que la persona experimenta emociones fuertes, difíciles de describir para ella misma, pero evidentes para el observador. La representación del sí-mismo es vaga: se compone de sensaciones poco diferenciadas. Las imágenes recordadas a veces no se reconocen como pertenecientes a personas concretas, y en otras son versiones caricaturizadas de los otros significativos y el componente afectivo suele ser abrumador. Cabe pues calificarlas cono internalizaciones. Otras regresiones también implican emociones fuertes, pero tanto la representación del Sí-mismo como la del objeto aparecen más diferenciadas. En ese caso es más adecuado hablar de identificaciones. Las técnicas de trabajo psicocorporal permiten que este tipo de material aflore y sea susceptible de elaboración. Por supuesto, la emergencia de estos procesos debe prepararse y acompañarse con mucho cuidado. Trataré estos aspectos en el siguiente capítulo.

Intentaré exponer la relación de la misma con la cartografía corporal en otras palabras:

- Todas las personas tienen, en condiciones normales, cuerpos similares, con las mismas estructuras y funciones.
- Del mismo modo, en todas se puede postular la existencia de un aparato psíquico, formado por el Ello, el Yo y el Superyo.
- Las estructuras y funciones corporales, al igual que las estructuras y funciones psíquicas varían de un individuo a otro; tales variaciones, de hecho, hacen a cada persona única e irrepetible, definiendo la individualidad.
- La estructura y función de cada parte del cuerpo, las relaciones de las estructuras entre sí, y la organización total del cuerpo están directamente relacionadas con la representación que tenemos de nosotros mismos.
- La representación que tenemos de nosotros mismos está íntimamente relacionada con las representaciones que tenemos de los demás, y de las representaciones que tenemos de las relaciones que entablamos con ellos.
- La estructura y función del cuerpo y de sus partes está directamente relacionada con la forma en que percibimos a los demás y con el tipo de relación que somos capaces de establecer con ellos.
- Ciertas estructuras y/o funciones el cuerpo pueden estar menos diferenciadas o ser menos eficientes que otras. En ese caso, corresponderán a imágenes poco diferenciadas o poco eficientes del Sí-mismo en relación con representaciones que no son muy claras, o caricaturizadas de los objetos.
- El trabajo con el cuerpo puede permitir el surgimiento de internalizaciones primitivas con el objeto de diferenciarlas y afinarlas.

La relación entre la estructura y función del cuerpo y las representaciones que tenemos de nosotros mismos y de los demás puede ser sutil. Una mujer, por ejemplo, se comporta de un modo adulto en presencia de otras mujeres. En cuanto aparece un hombre, tiende a hacer que oscile su tronco, su cabeza se inclina hacia un lado y su voz se hace más aguda, con una entonación aniñada. Ella no es consciente de todo esto. La representación de sí misma en relación con otras mujeres es la de una mujer adulta. En cambio, se percibe a sí misma como una niña en presencia de los hombres. Esta última representación de sí misma es inseparable de la actitud corporal que adopta frente al hombre: son dos aspectos de la misma realidad. ¿Qué pasaría si, ante un hombre, que podría ser el terapeuta o el miembro de un grupo terapéutico, le pidiéramos que ensayara otras posturas despacio, dándose cuenta de los sentimientos, recuerdos, pensamientos o imágenes que le vinieran a la conciencia?

Esta maniobra terapéutica estaría dentro de la mejor tradición del análisis del carácter que practicaba Reich, o de la Gestalt que hizo popular su paciente Fritz Perls. Técnicamente, no expongo nada nuevo. Lo que interesa es que una intervención así podría empezar a modificar la constelación de representaciones que esta mujer tenía de sí misma. Proporcionaría la imagen de ella misma como una mujer frente a un hombre, como alternativa a la estereotipada imagen de niña frente a un papá. Esta última representación no desaparecería, es muy probable que la mujer vuelva a hacer que oscile su tronco, incline la cabeza y les hable a los hombres de un modo infantil, pero dispondría de una alternativa que podría tomar mayor peso mediante el paciente trabajo de elaboración.

De este modo, aquellas partes de nuestro cuerpo de las que somos más conscientes, que son más eficientes o que son ego- sintónicas, corresponderían a representaciones más acabadas de nosotros mismos, mientras que las partes de nuestro cuerpo de las que no estamos tan conscientes corresponderían a representaciones fragmentarias del Sí-mismo, en relación con objetos poco diferenciados o aun vividos como partes del Sí mismo.

La tipología de Keleman y Painter

A mediados de la década de los 80 surgieron dos tipologías que tienen mucho en común: la propuesta por Jack Painter (1984) en su *Integración postural*, y la que expone Stanley Keleman en su *Emotional anatomy* (1984).

Desde sus primeros trabajos, Keleman (**1975, 1979**) contrasta dos extremos en la organización somática en razón de los límites que, con nuestro cuerpo, ponemos al mundo. De este modo, las personas excesivamente limitadas por su propia musculatura viven manteniendo al mundo, y a su propia excitación, a raya. Se encuentran atrapadas en su propio cuerpo. Por otro lado, las personas con límites débiles, permiten que el mundo las invada, o que su energía se escape, y se sienten perdidas.

En *Emotional anatomy*, Keleman expone y fundamenta la caracterología más original desde Reich, basándose en las respuestas que el organismo, y más concretamente los tejidos, tienen ante diferentes situaciones que producen estrés. Keleman nos presenta un esquema simple, pero no por ello superficial, de la estructura del cuerpo humano. Éste está formado por tubos (el digestivo, los vasos sanguíneos, etcétera), capas (los propios tubos tienen capas, cada órgano está formado por diferentes capas de células), bolsas o cavidades y estrechamientos que hacen las veces de válvulas. El organismo como un todo y cada uno de los tubos, capas, bolsas y válvulas se contraen y se expanden en los procesos vitales. Cuando las condiciones externas o internas varían, también cambia el ritmo de contracción y expansión. Todo el cuerpo, o diferentes capas de él, pueden quedar crónicamente expandidas o contraídas, y al mismo tiempo endurecerse o suavizarse.

Para Keleman, la vida nos hace enfrentarnos constantemente a retos, ante los cuales respondemos re-formando nuestros cuerpos. Cuando estos retos son tales que la persona no puede hacerles frente, se convierten en agravios o insultos (*insults*, en el original). Los agravios varían en cuanto a la época en que se dieron, su duración, intensidad y frecuencia. Puede haber agravios más tempranos o más recientes, más intensos o más leves, etcétera. Ante estas situaciones, el individuo reacciona con un patrón de respuestas innato, pero susceptible de modificarse por la experiencia, que Keleman denomina el continuo de sobresalto. Esto es, ante una situación nueva o inesperada, de entrada reaccionamos adoptando una posición de indagación cautelosa; a ésta le siguen actitudes de lucha, resistencia y finalmente de colapso. Dada la historia de cada individuo, puede fijarse en uno de los puntos de este continuo y estar siempre al ataque, todo el tiempo a la defensiva, o de entrada derrotado.

Al responder a las demandas del medio ambiente, el cuerpo (y a nivel más detallado, los tejidos, tubos, etcétera) se puede expandir o contraer, al mismo tiempo se puede hacer más sólido o más líquido. En otras palabras, las personas pueden hacerse más grandes o más pequeñas, y a la vez suavizarse o endurecerse. Las combinaciones de estas posibilidades de respuesta dan cuatro tipos:

La **estructura rígida**, se hace a la vez más grande y más sólida. Trata de aparecer mayor, mejor, más capaz que el otro, al que hay que vencer, impresionar, dominar activamente. Al comprimir sus vísceras, niega sus necesidades más profundas, su soledad y su debilidad.

La **estructura densa** se contrae y se hace más sólida. Retiene, lucha contra su propia excitación. Adopta una posición de resistencia tozuda. Internamente, experimenta emociones intensas, las cuales pueden surgir débilmente de modo que a los demás les parezca contenido, poco espontáneo. Algunas veces las emociones pueden irrumpir de un modo intenso.

El **tipo hinchado** (*swollen*, en el original) se hace más grande y más líquido. Invade suavemente. Trata de no parecer amenazante, impone su presencia mediante el chiste o la cortesía exagerada. Este tipo es el más novedoso de los que propone Keleman. Ciertamente se encuentran personas así, que pueden tener rasgos de alguna forma de carácter propuesta por Lowen o Reich, pero que son descritos mucho más adecuadamente como hinchados. Incapaces de contener su excitación, se desbordan.

El **tipo colapsado** se hace más suave y pequeño. Parecería que se derrite, que la fuerza de gravedad le gana. Se retrae a un nivel mínimo de vitalidad, se hace invisible. Al estar colapsados los tubos que conforman el organismo, el metabolismo es pobre y la excitación mínima.

Los términos que usa Keleman describen reacciones y formas concretas del cuerpo en general, y de los diferentes tejidos y capas. Cada uno de ellos, y sus combinaciones, implican una manera de estar en el mundo, una determinada conciencia de sí y una forma de percibir a los demás. Desde la forma de su cuerpo y el estado de las capas y tubos que lo componen, cada uno expresa su excitación, afirma sus derechos, se acerca o se aleja de los otros, en fin, vive su vida.

Jack Painter (1984) ha propuesto una caracterología cuyos cuatro primeros tipos coinciden con los que describe Keleman. La tipología de Painter surge de su trabajo con el cuerpo, en el que combina manipulaciones profundas del tejido al estilo del Rolfing (Rolf, 1977) con técnicas reichianas, bioenergéticas y gestálticas. Las descripciones de Painter, más aún que las de Keleman, son táctiles: describe la sensación que da tocar a cada tipo, y cómo su estilo de vida y sus reacciones típicas se relacionan con el estado de su musculatura superficial y profunda. Las similitudes entre los tipos propuestos por estos autores se pueden ver en el siguiente cuadro:

Cuadro 4.1 Equivalencias entre los tipos propuestos por Keleman y Painter

Keleman (1984)	Painter (1984)	Apariencia Reacción básica ante un reto
Rígido	Expansivo duro	Se hace grande y duro
Hinchado	Expansivo suave	Se hace grande y suave
Denso	Contractivo duro	Se empequeñece y se contrae
Colapsado	Contractivo suave	Pierde forma y se colapsa
	Inestables	Fluctúan inadecuadamente entre la expansión y la contracción
	Estables	Se adaptan eficientemente contrayéndose y expandiéndose

Los tipos que propone Keleman, aun cuando son originales, pueden ser más o menos equivalentes a los de Lowen, como podemos ver en el cuadro siguiente:

Cuadro 4.2 Equivalencias entre los tipos propuestos por Lowen y Keleman

Lowen (1975)	Keleman (1984)
Esquizoide	Colapsado (en parte)
Oral	Colapsado
Psicopático	Presenta algunas similitudes con el hinchado y el rígido
Masoquista	Denso
Rígido	Rígido

El modelo de Keleman tiene especial solidez al basarse en procesos biológicos observables y susceptibles de medición. Describe cómo las funciones de las células y los tejidos son percibidos subjetivamente como emociones, actitudes hacia uno mismo y los demás y originan la conciencia de sí. Se ocupa también de las reacciones que las personas con cada tipo de estructura producen en los demás, en diferentes ámbitos.

Escuelas europeas

La Escuela Europea de Orgónterapia

Las aportaciones de los investigadores de la Escuela Europea de Orgónterapia, como Federico Navarro y Xavier Serrano, han contribuido significativamente al desarrollo del modelo reichiano. Federico Navarro, alumno de Ola Raknes y médico de profesión, ha prestado particular atención a los trastornos somáticos (siempre con la certidumbre de la unidad funcional entre lo somático y lo psíquico) que padecen las personas con bloqueos en los diferentes segmentos que propuso Reich. En La *somatosicodinámica* (1988), describió la correlación funcional entre el bloqueo de cada uno de los segmentos de la coraza muscular, las alteraciones patológicas y la historia personal de los enfermos. Interpreta el significado de las diferentes patologías de cada segmento. Posteriormente en *Metodología de la vegetoterapia caracteroanalítica* (1990), definió el "metabolismo orgonótico" en términos de la cantidad de energía de que dispone la persona (hipoorgonótica o hiperorgonótica) y de si la energía está equilibrada o no (disorgonótica u homeoorgonótica). De este modo, describe seis "estructuras energéticas":

- Hipoorgonótica (con bajo patrimonio energético).
- Hipoorgonóticas-disorgonóticas (con energía escasa y desorganizada).
- Disorgonótica (con una carga energética adecuada, pero mal distribuida).
- Hiperorgonótica-disorgonótica (con exceso de energía mal distribuida).
- Hiperorgonótica (con exceso de carga energética).
- Homeoorgonótica (con una carga energética adecuada y bien distribuida, presente en el carácter genital que describió Reich).

Los términos de Navarro (y, en última instancia, de Reich) pueden resultar difíciles o hasta chocantes para muchos, pero tiene el mérito de atender a la cantidad de energía y a su distribución y describirla sistemáticamente.

Xavier Serrano (1990, 1993), alumno de Federico Navarro y director de la Escuela Española de Terapia Reichiana, incorporó estos términos a la definición de la estructura de carácter neurótico, la Estructura de carácter *borderline* (que prefiero llamar, en español, fronteriza o limítrofe) y la estructura psicótica. Así, las estructuras de carácter neurótico tendrían una mala distribución de energía, la fronteriza un exceso de energía mal distribuida, y la psicótica poca energía que podría estar mal distribuida. Serrano no se limitó a definir las estructuras en términos de metabolismo orgonótico, también ha estudiado otros referentes como la predisposición constitucional, los bloqueos que presenta cada estructura, Las relaciones objetales y rasgos de carácter, el funcionamiento neurovegetativo y somático y la realidad actual en las esferas familiar, laboral, afectivo-sexual, etcétera. Así, ha determinado, por ejemplo:

- Que en la estructura psicótica existen bloqueos diafragmático y oculares hipoorgónoticos.
- En la estructura de carácter limítrofe hay un bloqueo ocular, hiperorgonótico un bloqueo oral que puede ser hipo o hiperorgonótico.
- En la estructura de carácter neurótico hay bloqueos hiperorgonóticos —según el caso— en el segmento cervical, torácico, diafragmático y pélvico.

No es éste el lugar para tratar ampliamente las estructuras que describe Serrano con cada uno de los referentes. Serrano (1990) los describe a propósito de el método de diagnóstico (diagnóstico inicial diferencial estructural, DIDE) que ha sistematizado, con base en el trabajo de Reich, Nic Waal, Baker y Navarro.

El modelo funcional del Sí, de Luciano Rispoli

Luciano Rispoli, quien encabeza la Sociedad Italiana de Psicoterapia Funcional Corporal, ha desarrollado un modelo teórico original, resultado de su experiencia como terapeuta psicocorporal y de su estudio riguroso de los desarrollos teóricos más recientes. Rispoli (1992) siente que los fenómenos que aparecen al intervenir directamente en el cuerpo, tales como emociones muy intensas, recuerdos lejanos, memorias corporales, modificaciones de las funciones fisiológicas, reelaboraciones benignas de antiguos síntomas, requieren de un sistema teórico que llegue más allá de conceptos como unidad mente-cuerpo o armadura del carácter.

Rispoli (1992, pp 18-20) postula la existencia original de un núcleo unitario e integrado de la vida del niño a la cual llama Sí, y que define como sigue:

> Un conjunto de procesos funcionales que constituyen desde el inicio una compleja estructura intrapsíquica y de relación (...) capaz de movimientos, expresiones y elaboraciones a niveles más altos.

A diferencia del Yo freudiano, el Sí de Rispoli no es una parte del aparato psíquico en conflicto con el Superyo y el Ello; tampoco la representación de la propia persona, como el Self de Kohut. Rispoli afirma la existencia de una persona integrada, con todas sus funciones, al menos en su forma elemental, desde el momento del nacimiento.

Para Rispoli, a partir del núcleo original del Sí se desarrollan las diferentes funciones, que agrupa en cuatro grandes áreas o planos: el emotivo, el postural-muscular, el fisiológico y el cognitivo simbólico. La razón por la cual Rispoli propone estas áreas, y no otras, es que la experiencia clínica le ha demostrado que entre ellas suele haber escisiones. Cada área agrupa las funciones correspondientes. Así, por ejemplo, en el área emotiva se encuentran diversas funciones como la rabia, la ternura o el miedo. En el área cognitivo-simbólica encontraríamos a la memoria, la imaginación y la razón, entre otras. El área postural-muscular comprende funciones como la postura, el movimiento y la movilidad. Por último, el área fisiológica incluye a la respiración, el sistema vegetativo y el digestivo. Aunque Rispoli propone éstas y muchas otras funciones en su esquema, no pretende hacer una lista exhaustiva. Presenta en un diagrama las funciones más relevantes para el diagnóstico y el proyecto terapéutico de cada persona. Cada función puede estar atrofiada, hipertrofiada, escindida de otras funciones o esclerotizada, es decir, fija, repetitiva.

El modelo de Rispoli no necesita postular conflictos entre las instancias psíquicas, o entre los impulsos y las defensas. No es que los niegue. Sencillamente no los necesita para el trabajo clínico. Por lo mismo, no habla de resistencias. Un paciente se resiste al análisis porque siente perturbado su equilibrio interno ante la emergencia del material inconsciente. De alguna manera, se siente atacado. En su forma de hacer psicoterapia, lo último que haría Rispoli sería atacar al paciente. En cambio, busca aproximarse por las funciones más accesibles, para luego abarcar aquellas en las que el paciente se siente más vulnerable. Así, el material que se trabaja en las sesiones no tiene que ver con sus conflictos. Se trata, en cambio, de funciones asociadas, hipertrofiadas, esclerotizadas o escindidas de otras funciones que todavía hay que sanar. Por eso, el concepto de resistencia se vuelve irrelevante.

Otros clínicos como Kurz y Ogden han propuesto modelos parecidos. Ogden (1996) propone un esquema con cinco organizadores nucleares (*Core organizers*): el movimiento, la cognición, el afecto y la percepción de los cinco sentidos externos, con la sensación corporal interna en el centro del círculo, como organizador central. Al igual que Gendlin en su *Focusing*, Kurz y Ogden tienen como eje de su trabajo buscar las sensaciones internas (lo que Gendlin llama *felt sense*) para hacer consciente lo inconsciente y conseguir que se integren las funciones. No es mi propósito describir en detalle estos modelos, ni la práctica terapéutica de la cual surgieron, y a la que orientan. Creo, sin embargo, que son intentos muy lúcidos de proponer modelos originales y clínicamente útiles.

La influencia del psicoanálisis en la práctica de la psicoterapia profunda ha sido tan grande, que nos cuesta deshacernos de conceptos tan arraigados como los que propone este modelo. Hay que recordar la sorpresa de muchos clínicos cuando el DSM III (Manual de diagnóstico de los trastornos mentales de los psiquiatras estadounidenses) prescindió del término neurosis.

En el campo de la psicoterapia, los modelos teóricos se han desarrollado con base en la práctica clínica, a la cual orientan, dirigen y a veces limitan. Pero, después de todo, los modelos son sólo eso: modelos. Recientemente escuché decir a un experto en epistemología que todos los modelos son falsos, pero algunos son útiles.

V

El cambio en la terapia psicocorporal

Cambio y psicoterapia

El deseo de curar los trastornos emocionales y de encontrar caminos de crecimiento personal ha sido el motor para el desarrollo de una gran cantidad de métodos de trabajo. Desde el punto de vista médico, se trata de identificar trastornos (e implícitamente, tener una idea clara de lo que es la salud) y de crear métodos cada vez más efectivos para curarlos. En una perspectiva educativa, el objetivo es conocer el modo en el que aprendemos a comportarnos. Si podemos comprender los mecanismos por los que aprendemos a comportarnos de un modo rígido, ineficiente o poco satisfactorio, podemos también hacer que nuestra conducta sea más flexible, eficiente o satisfactoria.

Ambas perspectivas pueden sintetizarse de la siguiente manera: si aprendemos a enfermar, también podemos aprender el camino hacia la salud. Tanto en la tradición clínica como en la educativa, es preciso tener claro el objetivo al que pretendemos llegar. En el primer caso, se trata de definir la salud; en el segundo, conceptos como autorrealización, crecimiento, etcétera.

Tanto desde la perspectiva educativa como desde la clínica, muchos terapeutas han encontrado que el trabajo con el cuerpo puede producir cambios en la forma en que nos comportamos, nuestras emociones, nuestras actitudes y la imagen que tenemos de nosotros mismos. Además, los síntomas "físicos" que resultan de problemas "psicológicos" pueden desaparecer al utilizar diversos procedimientos de terapia psicocorporal.

De todas formas, se trata de propiciar el cambio en las personas que sufren, que están insatisfechas y que quieren desarrollar sus potencialidades. Esta necesidad ha dado origen a una gran cantidad de escuelas y cada una de ellas asegura que es eficaz, incluso más eficaz que las demás. Las psicoterapias corporales no son la excepción. Si algo tienen en común es la premisa de que el trabajo con el cuerpo es condición necesaria para lograr la salud, el crecimiento y el cambio.

Las explicaciones que se dan al por qué de los cambios varían de lo más simple a lo más complejo. Para lograr el cambio, uno puede tratar de disolver la coraza caracterológica o tal vez hacer conciencia del movimiento realizándolo en repetidas ocasiones, y luego introduciendo variaciones sutiles. Si optamos por deshacer las tensiones musculares crónicas podemos elegir entre someternos a un masaje profundo, descargar las emociones que dieron origen y mantienen esas tensiones, o aprender cómo se originaron, exagerándolas para luego soltarlas poco a poco. Como dice John Stevens (1980), todos los métodos funcionan para *algunas* personas y para *algunos* problemas.

Una cosa es que recurriendo a diversos métodos terapéuticos se logren cambios, y otra muy distinta que las explicaciones de sus creadores realmente den cuenta de los cambios producidos. Es posible que sea más importante la calidad de la relación que el terapeuta establece con sus paciente, que el tipo de movimientos que le prescribe o lo profundo del masaje que le dé. Muchas explicaciones no son más que nominalizaciones. Por ejemplo, decir que una persona mejoró porque se restableció el flujo de energía en su cuerpo puede ser cierto, pero en realidad no explica lo suficiente.

En todo caso, los cambios que cualquier proceso de psicoterapia profunda pretende lograr son difíciles de traducir a variables discretas. Los resultados de las sesiones terapéuticas pueden ser espectaculares, dejar sensaciones intensas, eufóricas o dolorosas, que se desdibujan con el paso del tiempo. También pueden resultar en cambios pequeños, que se suman de modo difícil de percibir a corto plazo. En algunos casos, la semilla del cambio que se sembró en un proceso terapéutico puede germinar tiempo después de que éste terminó. Muy pocas veces hay un seguimiento a mediano o largo plazo que permita evaluar los alcances del cambio, si es que lo hubo.

La conclusión exitosa de un proceso de psicoterapia profunda hace que nuestra vida necesariamente se contemple desde una perspectiva diferente, una serie de eventos de poca importancia aparente se vuelven significativos y la interpretación que hacemos de nuestra historia personal se acerca más a la raíz. Si se ha trabajado con el cuerpo, los resultados de la terapia se concretizan en la expresión del organismo, en la cualidad de sus tejidos y sistemas y la naturalidad de sus movimientos.

Las diferentes aproximaciones al trabajo psicoterapéutico con el cuerpo se han desarrollado a partir de la necesidad de lograr cambios y la insatisfacción con los métodos existentes. La terapia psicocorporal de inspiración reichiana tiene muchas cosas en común con otras formas de trabajar; por ejemplo, como el psicoanálisis, analiza la transferencia y las resistencias. Tiene una identidad propia dada por conceptos específicos, en donde el central es el de coraza caracterológica, y técnicas características: la postura y el movimiento, la respiración y el contacto físico.

Por otra parte, tanto en el interior de la terapia psicocorporal de inspiración reichiana como en otras escuelas, hay divergencias. No haré en este trabajo una exposición exhaustiva de las diferentes formas de trabajar con el cuerpo-mente, o una comparación crítica de las mismas, aunque al presentar elementos de diferentes escuelas pueda mostrar preferencias. Al analizar el cambio en la terapia psicocorporal trataré tanto elementos que tiene en común con otras psicoterapias, como la relación terapéutica y la toma de conciencia o *insight*, como los propios: el contacto físico, la postura y el movimiento y la respiración. Un elemento en particular, la descarga emocional, merece ser tratado aparte. Si bien no sólo en la terapia psicocorporal de inspiración reichiana suelen darse intensas descargas emocionales, son un fenómeno característico de la mayoría de estas escuelas. Contacto físico, respiración, postura y movimiento, descarga emocional, disolución de las tensiones y relación terapéutica son inseparables dentro del proceso terapéutico. Trataré de analizarlos en conjunto, tal y como surgieron en el consultorio de Reich, según él mismo y sus discípulos, y luego por separado, de acuerdo con diferentes escuelas, a fin de organizar mi exposición, pero siempre en el entendido de que la división no deja de ser artificial.

Reich como terapeuta:
del análisis del carácter a la vegetoterapia

Se puede estar de acuerdo o no con los métodos de trabajo y la teoría de la técnica terapéutica que Reich desarrolló, pero no es posible negar que fue un maestro, en el sentido más amplio de la palabra. No sólo formó psicoterapeutas en y más allá del psicoanálisis, si no que lo hizo de tal forma que causó una impresión que duró toda la vida de quienes fueron sus discípulos. Con sus escritos, su práctica profesional y aun con su estilo de vida, Reich hizo escuela. Es por eso que para hablar de terapia psicocorporal hay que hablar de él.

Wilhelm Reich creó una forma revolucionaria de hacer psicoterapia a partir de la práctica psicoanalítica de las dos primeras décadas del siglo. En el primer capítulo me referí a la práctica terapéutica de Freud en la década de 1880 a 1890. En ese tiempo experimentaba con diferentes técnicas: la hipnosis, el masaje, la directividad abierta. Según Jones (1961), entre 1892 y 1896 Freud desarrolló el método de la asociación libre, al tiempo que lo "liberaba" de recursos como la sugestión y el apremio. El mismo Freud (1904, p. 293) consideró que las renuncias a la sugestión y a la hipnosis fueron avances en su método.

Ciertamente, se trataba de un método sobrio, elegante, que le permitió penetrar en el inconsciente y llevar a cabo los descubrimientos que lo hicieron famoso. El método tenía por objetivo "cegar todas las lagunas de la memoria y aclarar todos los misteriosos afectos de la vida psíquica"; en otras palabras, "hacer consciente lo inconsciente" (1904, p. 395).

Para 1937, cuando publicó *Análisis terminable e interminable*, Freud se mostraba reservado respecto al poder curativo del psicoanálisis. La cura de la neurosis se obtenía al "domesticar al instinto", logrando "las mejores condiciones posibles para las funciones del yo" [1937, pp. 548-570]; pero esto no parecía tan fácil. "Cegar todas las lagunas y aclarar todos los afectos" eran objetivos demasiado ambiciosos. A pesar de su desencanto con respecto a la eficacia del psicoanálisis, en ese mismo ensayo rechaza el intento de acortar el tratamiento simplificando la etiología de las neurosis, como lo hiciera Rank, o ensayando otros métodos como los que propuso Ferenczi. Freud, que experimentó con diferentes métodos en su juventud y encontró el método más adecuado para él mismo en su madurez, no toleró desviaciones en sus discípulos. Las dudas respecto a la eficacia del psicoanálisis como método terapéutico no eran nuevas ni exclusivas de su creador.

En 1920, cuando Reich fue admitido en la Sociedad Psicoanalítica de Viena, el método psicoanalítico de Freud parecía estar bien establecido. De todas formas, al no existir un tratado definitivo que abarcara la práctica y la teoría de la técnica del psicoanálisis había tantas formas de trabajar como analistas. Según Reich, cuando se hizo cargo del seminario sobre técnica psicoanalítica, en 1924, la mayoría de los psicoanalistas se limitaban a "esperar" pasivamente la aparición de material, y lo interpretaban sin ningún orden. Muchos pacientes hablaban de su infancia o relataban sueños sin ninguna emoción. Los resultados no siempre eran positivos. Si no había progreso en la psicoterapia, la culpa se ponía en las resistencias de los pacientes. Un factor merece subrayarse. La meta por excelencia del psicoanálisis, hacer consciente lo inconsciente, no siempre producía la cura de las neurosis (1939, p. 3).

A partir de su insatisfacción con la técnica y los resultados del psicoanálisis, Reich trató de encontrar formas de hacer más efectiva la psicoterapia. Inició la búsqueda en Viena, y continuó en Berlín, los países escandinavos y Estados Unidos. Durante esos años, evolucionó de la práctica del psicoanálisis que aprendió de Freud, al énfasis cada vez más acentuado en el cuerpo. Es muy probable que Reich nunca haya practicado un psicoanálisis totalmente ortodoxo. Él mismo inició, pero no completó, su análisis personal (Ollendorff, 1969). La forma en la que hacía psicoterapia evolucionó gradualmente, de modo que no es posible fijar límites precisos a las diferentes etapas de su trabajo. Tentativamente, se puede afirmar que hacía psicoanálisis entre 1919[1] y 1924; que desde este último año su trabajo se centraba en el análisis del carácter y que entre 1926 y 1934, surgió la Vegetoterapia (Reich, 1949). Esta última se siguió desarrollando entre 1935 y 1948 (Boadella, 1973, pp. 121-126). Es difícil precisar las fechas en que aparecieron diversas innovaciones técnicas en la práctica de Reich. Como veremos, ni siquiera sus discípulos coinciden en precisar los momentos en que, por ejemplo, empezó a usar las manos para disolver las tensiones musculares de sus pacientes. El cambio en su forma de trabajar fue gradual. Es posible afirmar que la tendencia de los cambios que introdujo en su forma de trabajar fue en el sentido de hacer que el paciente participara cada vez más con su cuerpo en el proceso de cambio.

El análisis del carácter surgió del trabajo en el Seminario Vienés de Técnica de la Terapia Psicoanalítica, donde Reich cuestionó la posición tradicional que sostenía que la tarea terapéutica fundamental era traer material reprimido a la conciencia. Propuso que la atención del terapeuta se centrara en las resistencias, tal como aparecían en las sesiones analíticas. El trabajo con las resistencias lo llevó a la conclusión de que cada persona se defendía contra el análisis de un modo característico.

En 1908, en *El carácter y el erotismo anal*, Freud había considerado que los rasgos de carácter resultaban de continuaciones de impulsos, sublimaciones de impulsos o formaciones reactivas contra los mismos. Las formaciones reactivas se daban cuando, en lugar de un impulso inaceptable, surgía un rasgo de carácter opuesto a él. Se trata de un conflicto entre el impulso y la defensa. Este conflicto define la existencia de la neurosis, en la cual el conflicto impulso-defensa produce síntomas y de la neurosis de carácter, en la que el conflicto se cristaliza produciendo rasgos de carácter. A partir de esta conclusión, Reich centró sus esfuerzos terapéuticos en el análisis del carácter.

El *cómo* de la comunicación verbal y no verbal, en la medida en que es característico, se volvió más importante que el *qué*, y Reich

---

[1] En *Passion of youth. An autobiography 1897-1922*, (Trad. M. Boyd Higgins, Paragon House, Nueva York, 1990, p. 124), que Reich escribió entre 1919 y 1937, menciona a una paciente que acudió a terapia con él durante el invierno de 1919-1920.

atendió cada vez más a las actitudes de sus pacientes en el presente de la sesión terapéutica que a la historia de sus vidas.

Fritz Perls, creador de la terapia Gestalt, fue paciente de Reich en Berlín. Tomó del análisis del carácter el énfasis en el presente y en el cómo de la comunicación. Perls (1969) fue referido a terapia con Reich por Karen Horney, quien le dijo: "El único analista que, pienso, puede llegar a ti, es Wilhelm Reich". En su autobiografía, Perls relata su experiencia con Reich:

> Era vital, rebelde. Estaba siempre dispuesto a discutir cualquier situación, particularmente las sexuales y políticas. Sin embargo, todavía analizaba y jugaba los habituales juegos de rastreo genético. Pero con él la importancia de los hechos se empezó a desvanecer. El interés en las actitudes se movió al primer plano. (1969, p. 49.)

Analizar el carácter implica hacer conscientes los impulsos que originaron los rasgos de tipo reactivo, de tal modo que muchas veces se reviven emociones intensas y se recuerdan eventos olvidados. Al principio, Reich centraba sus esfuerzos en el trabajo con las resistencias y la transferencia. Pronto advirtió que si el terapeuta se acercaba a las resistencias ligadas a las defensas caracterológicas del paciente, éste se enojaba (Reich, 1948, p.121). Eso le hizo poner atención en la transferencia negativa. Solía preguntar a sus pacientes sobre los sentimientos negativos que albergaban hacia él. Tarde o temprano, la mayoría de los pacientes experimenta sentimientos hostiles hacia su terapeuta. Si estos sentimientos no son expresados, el proceso terapéutico puede fracasar o, por lo menos, ser incompleto. El énfasis de Reich en la expresión de sentimientos negativos era correcto. Reich, de personalidad siempre controvertida, suscitaba reacciones particularmente intensas a quienes le rodeaban.

Por otra parte, en muchas épocas de su vida Reich se sintió perseguido e incomprendido. Una lectura de su biografía nos hace pensar que había una buena dosis de realidad en esa percepción, a la vez que él ponía de su parte para provocarla. Por todo ello, tal vez concedió exagerada importancia a la expresión de sentimientos hostiles hacia su persona. Eventualmente desarrolló un método de trabajo que lo llevaba a provocar a sus pacientes. La exploración de los sentimientos negativos de los pacientes, e incluso la provocación de los mismos, fue una constante en el trabajo de Reich, desde el psicoanálisis hasta la orgónterapia. No sólo se trataba de sacar a flote los sentimientos negativos que, por transferencia o por la propia personalidad de Reich, se despertaban en el proceso terapéutico. Reich suponía que la represión de cualquier impulso producía ira, así que ayudar a los neuróticos a tener accesos de ira producía una notable mejoría (Reich, 1948, p. 61).

El testimonio de Nic Waal, psicoanalista noruega, nos describe a un Reich agudo en sus percepciones y dispuesto siempre a confrontar al paciente; un terapeuta bastante alejado de la "neutralidad" de muchos analistas, capaz de ayudar a muchas personas, y con una forma de ser y trabajar que resultaba difícil de tolerar para otras:

> De inmediato (...) detectó que yo había usado un erotismo vital como defensa contra la agresión y la depresión. También detectó que yo tenía severos problemas alrededor de la agresión, que yo era falsamente amable y falsamente decía que sí a todo. Fue una revelación terrible, pero yo sabía que era cierta, que aquello por lo cual había peleado teórica y personalmente era una lucha real. Pude soportar ser aplastada por Reich porque amaba la verdad. Y, extrañamente, no me aplastó. En la terapia su voz fue amable. Se sentó junto a mí y me hizo mirarlo. Me aceptaba y aplastaba sólo mi vanidad y falsedad, pero yo entendía en ese momento que la verdadera honestidad tanto en los terapeutas como en los padres implica, en ciertos momentos, el valor para ser aparentemente cruel si es necesario. Para esto es menester que el terapeuta esté bien entrenado y haga un diagnóstico correcto. No estoy segura de que Reich realmente tuviera siempre la herramienta para diagnosticar al paciente al desarrollar su técnica, cruel y penetrante. No creo que estuviera suficientemente desapegado de lo que le sucedía como para diagnosticar a todos aquellos a los que les dio terapia. Algunos fueron aplastados o se volvieron obsesivamente oposicionistas o proyectivos debido a su psicoterapia activa. Pero muchos fueron rescatados de problemas personales severos. La oposición que encontró, las ideas que tenía respecto a su papel, la de que otros campos eran más importantes, le hicieron dejar la psicoterapia, en el sentido real de la palabra. Sin embargo, era el terapeuta mejor dotado que he conocido y cuando verdaderamente ponía su corazón en la tarea, era también el terapeuta más consciente que he conocido (Waal, 1958).

Las emociones que surgían en el consultorio de Reich no sólo resultaban de la hostilidad de sus pacientes hacia su persona. En busca de lo característico de cada individuo, Reich puso más y más atención al cómo se expresaban los pacientes que al contenido de su comunicación. Esto lo llevó a fijarse en lo no verbal. Al principio describía detalladamente las tensiones del paciente y el modo en que éstas disminuían su vitalidad. Después imitaba a los pacientes o les pedía que intensificaran una tensión de modo que fueran más conscientes de ella. Al pedirles que intensificaran una tensión, con frecuencia surgía la emoción que había sido reprimida mediante la tensión crónica de estos músculos (Boadella, 1973).

Según Reich, las formaciones reactivas contra los impulsos hacían que el carácter neurótico se acorazara. Esto implicaba, a la vez, un endurecimiento del Yo y una rigidización de la musculatura. El conjunto de tensiones musculares crónicas fue denominado coraza o armadura del carácter. En otras palabras, los aspectos "psicológicos" y "corporales" del carácter eran dos maneras de concebir una misma realidad. Las tensiones musculares crónicas determinan el modo en que manejamos nuestros impulsos, expresamos o dejamos de expresar las emociones, percibimos al mundo y somos percibidos por los demás. La inseparabilidad de la mente y el cuerpo se hicieron evidentes para Reich:

> La coraza caracterológica mostraba ahora ser funcionalmente idéntica a la hipertensión muscular, la coraza muscular. El concepto de "identidad funcional", que tuve que introducir, no significa otra cosa que el hecho de que las actitudes musculares y las del carácter desempeñan la misma función en el aparato psíquico; pueden influirse y reemplazarse mutuamente. Fundamentalmente no pueden ser separadas, en sus funciones son idénticas (Reich, 1948, p. 212).

Si los aspectos psíquicos del carácter se expresaban mediante la coraza muscular y viceversa, entonces se podía atacar a la coraza, entendida como unidad funcional, de dos maneras. Si no le era posible intervenir en el aspecto psíquico del carácter, se aplicaba a la actitud somática correspondiente. A la inversa, si una tensión muscular resultaba difícil de alcanzar, se dedicaba a su expresión psíquica. Por ejemplo, una sonrisa amable que dificultara la labor podría eliminarse describiendo la expresión o alterando la actitud muscular.

Poco a poco, el énfasis en lo corporal llevó a Reich a ensayar nuevos procedimientos: De este modo, disolver las tensiones musculares y trabajar con las alteraciones en la respiración de sus pacientes cobró mayor importancia (Reich, 1948, pp. 121-126) y Reich se alejó del tratamiento puramentemente "psicológico". Según Sharaf (1983, p. 236), Reich "amaba lo concreto, lo tangible" y, al menos en su experiencia como paciente, "no parecía estar interesado en examinar mis relaciones con la gente excepto cuando estaban conectados con algún problema corporal" (Sharaf, 1983, p. 25).

Los objetivos de la terapia y la definición de salud que manejaba Reich siempre enfatizaron la importancia de lo corporal; en la medida en que el análisis del carácter se fue transformando en vegetoterapia, y posteriormente en orgónterapia, la terminología psicoanalítica cedió su lugar a la descripción de cambios observables en el cuerpo expresados en términos muy particulares que el propio Reich acuñó, y que contribuyeron al rechazo de sus teorías. Entre 1928 y 1929, un análisis exitoso conseguiría que los rasgos de carácter persistieran dentro de límites que no restringieran la libertad de movimiento, de modo que sufriera la capacidad de trabajo y placer sexual (Reich, 1949, p. 140). Esto último se conseguiría si, entre otras condiciones, el Superyo no se oponía a la sexualidad y el Yo estaba libre de culpa neurótica (Reich, 1949, pp. 198-200).

En la medida en que trabajó más con el cuerpo, Reich advirtió que, conforme se liberaban las tensiones, la energía de las emociones reprimidas se manifestaba cono sensaciones de corrientes en el cuerpo. Provocar esas sensaciones fue entonces un objetivo de su trabajo. Para 1944, Reich describía la reacción "B" del organismo, considerándola como el criterio del éxito en la terapia. Entre otras características, la reacción "B" implicaría "una expiración completa, con pausa a continuación, libre pulsación del tórax. Sensación placentera en los genitales después de cada expiración" (Reich, 1948, p. 272).

Ola Raknes, también psicoanalista noruego y decano entre los seguidores de Reich, destacó en su remembranza la capacidad de observación que Reich tenía de lo no verbal y las sensaciones corporales que se experimentaban al someterse a la vegetoterapia:

> Como terapeuta, él estaba de un modo natural y absoluto dedicado al paciente. Su habilidad en captar cualquier leve movimiento, la más ligera inflexión en la voz, una fugaz sombra que indicase el cambio de una expresión eran inimitables. A este modo de proceder añadía una gran dosis de paciencia, a la cual yo llamaría tenacidad en conducir al paciente a darse cuenta de lo que expresaban sus actitudes o en hacerle experimentar y expresar lo que estaba aún escondido en él. Llamaba la atención del paciente sobre su comportamiento, sobre una tensión o una expresión facial, un día tras otro, una semana tras otra, hasta que el paciente podía darse cuenta y sentir lo que significaba (...) no trató nunca de convencerme de la validez de sus teorías, allí donde se diferenciaban de las mías. Me hizo notar, en cambio, sólo las incoherencias entre mi comportamiento y mi modo de pensar; me volví más conocedor de mis propias reacciones, y en cualquier caso también de las reacciones de mis pacientes; y me ayudó a soltar las resistencias y tensiones de mi cuerpo, por lo que me hizo también sentir mi organismo de un modo que me era totalmente nuevo (Raknes, 1970, pp. 70-71).

Raknes, a diferencia de otros discípulos y seguidores de Reich, había completado su formación como analista cuando lo conoció. Era además diez años mayor que él. Tal vez por esas razones fue, junto con A. S. Neil, su amigo durante el resto de su vida. Ni Neil ni Raknes se "engancharon" con los rasgos más conflictivos de Reich.

El trabajo directo del terapeuta sobre los músculos crónicamente tensos de sus pacientes produce dolor y, con frecuencia, surgen recuerdos cargados de emociones, o aun emociones que al principio no parecen conectarse con ningún evento. Uno de los objetivos de la psicoterapia era alcanzar la potencia orgástica. Para ello había que disolver la coraza, como resultado de la disolución de la coraza, a la vez que como herramienta para disolverla surgía la descarga de las emociones. Poco a poco, Reich advirtió que la coraza del carácter parecía estar organizada en segmentos. En *El lenguaje expresivo de lo vivo* (1949, pp. 392-439) describió las emociones que suelen ocultarse en cada uno de ellos. Para entonces, Reich llamaba a su trabajo orgónterapia y había desarrollado un serie de movimientos expresivos para trabajar en el desbloqueo de los diferentes segmentos.

Alexander Lowen, que fue paciente de Reich entre 1942 y 1945, al relatar su primera sesión subraya la preocupación de Reich por lo corporal:

> Para Reich, el primer paso en el procedimiento era llevar al paciente a respirar fácil y profundamente. El segundo era movilizar la expresión emocional que fuera más evidente en la cara o la actitud corporal del paciente. (…) La meta de la terapia era el desarrollo de la capacidad de abandonarse a los movimientos espontáneos e involuntarios que eran parte del proceso de respiración. (Lowen, 1975, pp.19-22.)

En diferentes ocasiones he mencionado la importancia que Reich otorgaba a la expresión emocional. Es preciso subrayar que desde su etapa de trabajo psicoanalítico, advirtió que los pacientes producían material sin contenido emocional alguno. Afirmaba que las neurosis no se curaban si no se eliminaba su fuente de energía: la estasis sexual (Reich, 1948, p. 126). Este "estancamiento" de energía sexual rigidizaba al yo y a su contrapartida muscular. Así, concibió al carácter en términos energéticos. El endurecimiento del yo y la tensión crónica de los músculos impedían el libre flujo de una gran cantidad de energía, de modo que, para modificar el carácter, la psicoterapia necesariamente debía modificar energía. Como Reich (1949, p. xv) consideró que las emociones eran manifestaciones de energía, movilizar la energía fue sinónimo de movilizar las emociones (1949, p. 394). A. S. Neil (1958), director de la escuela Summerhill, dio testimonio del trabajo emocional que implicaba someterse a terapia con Reich:

> Tuve más reacciones emocionales y alivio en seis semanas que en varios años de terapia verbal. No era un día de campo, significó muchas horas dolorosas. Posiblemente yo era demasiado viejo para obtener el beneficio completo del tratamiento, pero gané algo más importante: la amistad de un hombre cálido, sincero y brillante.

Este testimonio puede servir para finalizar la exposición general sobre Reich como terapeuta. Reich, el hombre, es mucho más importante para quienes lo conocieron que todas sus innovaciones técnicas.

A continuación, trataré por separado diferentes elementos de cambio en la terapia psicocorporal. Al escribir sobre el movimiento, la postura, la respiración y el contacto físico, volveré a mencionar a Reich al lado de sus discípulos y seguidores, así como de otros que han tratado de producir cambios en el cuerpo-mente.

El movimiento y la postura

Los terapeutas psicocorporales hacen que sus pacientes realicen movimientos lentos, con atención a cada minúsculo cambio que se produzca en el cuerpo-mente o que se abandonen a intensos movimientos expresivos que les provoquen violentas descargas emocionales; que repitan un movimiento que implique la expresión emocional de uno de los segmentos de la coraza descrita por Reich, una y otra vez, hasta que la coraza ceda; o que se entreguen a la danza espontánea, que se relajen o intensifiquen sus tensiones para conocerlas mejor; que se muevan como nunca lo han hecho o que reproduzcan al detalle las escenas más desagradables de su vida. Cada una de estas técnicas tiene una lógica que la sustenta. No sólo han surgido de la psicoterapia propiamente dicha: en el teatro, la danza y la fisioterapia se han originado diferentes técnicas de movimiento que la terapia psicocorporal utiliza para sus fines.

El pionero de los métodos terapéuticos que implican movimiento fue sin duda Jacobo Levi Moreno. En la segunda década del siglo, inconforme con las terapias meramente analíticas y verbales consideró que el elemento psicomotriz del organismo y el significado creador del encuentro permanecían sin investigar.

En el psicodrama, que surgió de la inquietud de Moreno y del teatro de la improvisación en 1921, la persona *actúa* en lugar de hablar de su problema en el contexto terapéutico (Moreno, 1964, pp. 21-25). Para Moreno, al permitir que los pacientes expresaran sus impulsos y pensamientos ocultos mediante la actuación, se conseguía la emergencia de material inaccesible por la vía de las asociaciones verbales y se podía prevenir la exoactuación (*acting-out*) fuera de la sesión terapéutica, que podría resultar realmente peligrosa (Moreno,

1964, pp. XI-XII). Encontró que si se hacía un relato verbal antes de la representación psicodramática de un episodio, sucedía con frecuencia que la productividad e intensidad de la representación disminuían (Moreno, 1959).

Entre los psicoanalistas, el término *acting-out* está cargado de múltiples significados y se le asocia a resistencia, acciones impulsivas o antisociales y acciones que son sustituto de recuerdos. Incluso se le usa en forma peyorativa (Sandler *et. al.*, 1973). El origen de esta connotación probablemente sea la opinión de Freud, quien consideraba que, para que una representación se hiciera consciente, debía ligarse a una representación verbal. Para él. las representaciones eidéticas (imágenes) y las "actuaciones" eran modos menos adecuados de surgimiento de material inconsciente, toda vez que se hallaban más cerca de lo inconsciente y eran más antiguas filogenética y ontogenéticamente (Freud, 1901, 1923). Con base en las investigaciones de Moreno, la actuación se puso al servicio del recuerdo y la conciencia, sin que implicara una forma de expresión "inferior" o menos consciente que la verbalización.

La influencia de Moreno es evidente en el trabajo de la escuela de Kurt Lewin, concretamente dentro los Laboratorios Nacionales de Entrenamiento (NTL), en los grupos A; posteriormente, en los grupos de sensibilización, los grupos de encuentro y en general en el Movimiento del Potencial Humano (Blatner, 1973). Muchas de las técnicas de la Terapia Gestalt tienen una evidente deuda con el psicodrama: Fritz Perls, como tantos otros, vio trabajar a Moreno, y tomó o adaptó algunas de sus técnicas (Shepard, 1975), sin darle el crédito que merecía. Frecuentemente aparecen métodos o técnicas nuevas, con un parecido más que superficial a los procedimientos que ensayó Moreno hace más de cincuenta años.

Mientras Moreno experimentaba con las técnicas activas, Freud y sus seguidores trataban de reducir la actividad de sus pacientes al mínimo, pidiéndoles que se tendieran en un diván. Freud recibió su famoso diván como regalo de una paciente en 1890 (Gay, 1988, pp. 133). Para Jones (1961, p. 245), el hecho de permanecer el paciente acostado en un sofá es un vestigio de la época de la hipnosis. Es posible que Freud trabajara desde el principio con pacientes acostados. En

1904, escribió que el método psicoanalítico requería que los pacientes adoptaran una postura cómoda sobre un diván, con los ojos abiertos, de modo que evitaran todo esfuerzo muscular y toda impresión sensorial.

Entre 1919 y 1925, Sandor Ferenczi publicó una serie de artículos en los que proponía técnicas "activas" para aumentar la efectividad del psicoanálisis. Como vimos en el capítulo II, Ferenczi prohibía ciertas conductas a sus pacientes, tales como rascarse, tocarse la cara o pasar al baño antes de entrar a la sesión. También les pedía que hicieran actividades que pudieran evocar recuerdos y les recomendaba ejercicios de relajación.

Ferenczi fue un pionero del uso del movimiento en el psicoanálisis, pero no hizo escuela. Sus innovaciones no fueron bien vistas por Freud y su círculo íntimo (vea el apartado correspondiente al trabajo de Georg Groddeck, en el capítulo II de este libro), e incluso fueron atribuidas a causas personales, como su decadencia física y su conflictiva relación con Freud (Gay, 1988 pp. 639-650).

Fue en el trabajo de Reich donde el movimiento se incorporó a la terapia psicoanalítica. De esta forma, aunque no sea posible por el momento establecer límites precisos, la terapia que entonces practicaba fue evolucionando del análisis del carácter (todavía, oficialmente dentro del movimiento psicoanalítico) a la vegetoterapia caracteroanalítica y a la orgónterapia.

En 1932, Reich publicó un trabajo sobre el masoquismo, en el cual describe cómo permitió y luego alentó los movimientos expresivos en la sesión terapéutica. En esas líneas se hizo evidente su ruptura con el psicoanálisis vigente en la época, ya que rechazó contundentemente la hipótesis del impulso instintivo de muerte, en particular como explicación del "masoquismo moral". Me limitaré a comentar una extensa cita del caso clínico que presenta y, con base en éste, también hablaré de la evolución del uso de movimientos expresivos en el trabajo de Reich y las terapias inspiradas en él.

El paciente era particularmente difícil. Cuando Reich le pedía que ampliara la información sobre algún punto, el paciente reaccionaba gritando: "¡No quiero! ¡No quiero!" El recuento de Reich describe cómo las reacciones de sus pacientes ante el análisis del carácter lo llevaron poco a poco a innovaciones técnicas a las cuales, en conjunto, llamaría vegetoterapia caracteroanalítica:

> Al principio, no fue fácil inducirlo a reactivar las acciones tercas de su infancia. Su reacción era que una persona refinada, un genio de las matemáticas, no podía hacer tales cosas. Sin embargo, fue inevitable. Si había que desenmascarar esta capa de su carácter y eliminarla, primero debía ser reactivada en toda su magnitud. Cuando el paciente comenzó con sus "no quiero", probé primero la interpretación, mas él ignoró por completo mis intentos. De modo que comencé a imitarlo; cada vez que le planteaba una interpretación de su conducta, yo agregaba de inmediato el "no quiero". En una ocasión, reaccionó de pronto con un pateo involuntario. Aproveché esa oportunidad y le pedí que se abandonara por completo.
>
> Al comienzo, el paciente no podía comprender cómo alguien le pedía que hiciera algo así. Pero empezó a agitarse más y más en el diván, profiriendo gritos altamente emocionales, vengativos e inarticulados, y sonidos animales. Un ataque particularmente violento de este tipo tuvo lugar un día al señalarle que su defensa del padre era sólo una máscara para ocultar el tremendo odio que le tenía. No vacilé en admitir que este odio tenía una buena justificación racional. Después de esto, los actos del paciente comenzaron a asumir un carácter casi terrorífico. Gritó tanto que los vecinos se asustaron. No podía detenerme por esa causa, ya que ésa era la única vía para llegar a sus emociones profundas. Sólo en esa forma era capaz de revivir su neurosis infantil de manera plena y afectiva, no como meros recuerdos. Una y otra vez, fue posible ahondar su comprensión de tal conducta. Su significado era el de una grandiosa *provocación a los adultos* y, en sentido transferido, a mi persona. Pero el problema era: ¿por qué provocaba? (Reich, 1949, pp. 232-233.)

El paciente de Reich había sido duramente reprimido. Sin duda había recibido muchas críticas. ¿Cuáles son las consecuencias de que una figura a la vez temida y respetada, la de su terapeuta, no sólo no criticara, sino que alentara un berrinche el la sesión, y a pesar de eso no retirara su amor? Sin duda el terapeuta contribuyó a movilizar impulsos reprimidos, pero también reactivó una imagen del sí mismo del paciente en la cual era permitido protestar. En el caso del paciente tratado por Reich, en el que la inhibición y la frustración marcaban todas sus acciones, parece correcta una fase del proceso terapéutico en la cual se permite expresar abiertamente la oposición a la autoridad. Sin embargo, eventualmente, el paciente debía hacer algo más maduro: dirigir su energía de otra forma y llevar los logros de las sesiones a la vida cotidiana, y así lo hizo. El terapeuta que propicia la descarga de emociones tempranas debe tomar en cuenta que no sólo está movilizando energía o desbloqueando el cuerpo, también está propiciando un exhibicionismo primitivo que, al igual que las emociones, debe modularse, frustrándose óptimamente para alcanzar conductas más maduras. Respecto al movimiento, el paciente de Reich pasa de la inhibición al movimiento expresivo desorganizado y, poco a poco, al movimiento maduro, dirigido, al tiempo que recobra su propio cuerpo.

Poco a poco, Reich pasó de permitir el movimiento, a alentarlo si se presentaba y posteriormente a prescribirlo. Advirtió que al aflorar las emociones cambiaba la actitud corporal de sus pacientes y, por otro lado, al cambiar la actitud corporal se modificaban aspectos "psicológicos" de la persona (Raknes, 1970, p. 28). La conclusión de estas observaciones no podía ser otra que la identidad de lo psíquico y lo físico. (vea el capítulo III y el IV).

Esto lo llevó a imitar a los pacientes o a pedirles que intensificaran una tensión de modo que fueran más conscientes de ella. Al pedirles que intensificaran una tensión, frecuentemente surgía la emoción que había sido reprimida mediante la tensión crónica de estos músculos (Boadella, 1973).

Con el tiempo, Reich no se conformó con los movimientos "espontáneos" de sus pacientes. Atento a la respiración, advertía que parte del organismo no estaba participando. Entonces le hacía sentir al paciente sus movimientos respiratorias, le prescribía "ciertos movimientos voluntarios" y lo masajeaba de manera que pudiera respirar con más libertad y percibir corrientes energéticas por todo el cuerpo (Raknes, 1970), pp. 130-131). Los movimientos que Reich solicitaba a sus pacientes en la época de la Orgónterapia correspondían a los diferentes segmentos de la coraza del carácter, tal como la describe en *The expressive language of the living* (Reich, 1949).

En Europa, basándose en el trabajo de Reich y de su discípulo Ola Raknes, Federico Navarro (1978) desarrolló técnicas a las que llamó *actings* (movimientos expresivos) musculares, que pretenden "iniciar particulares movimientos autovibratorios de los haces musculares, manteniendo tales condiciones hasta la aparición de abreacciones emotivas". Guasch (1983) define los *actings* como acciones musculares susceptibles de estresar los músculos correspondientes haciéndolos vibrar, hasta provocar una "abreacción emocional". A lo largo de un proceso de psicoterapia, el individuo va realizando los *actings* correspondientes a los segmentos que describió Reich, de la cabeza a los pies, mientras permanece acostado, con las plantas de los pies sobre el diván y los ojos abiertos.

El análisis bioenergético, creado por Alexander Lowen en colaboración con John Pierrakos, también discípulo y paciente de Reich, utiliza el movimiento y la postura de un modo diferente a la vegetoterapia. Lowen utiliza posiciones de estrés que exageran las tensiones de las personas o las colocan de modo que sientan en su cuerpo conflictos percibidos sólo a nivel "psicológico". También emplea movimientos expresivos como acercarse, golpear con las manos, patalear, etcétera, todo ello con acompañamiento de vocalizaciones apropiadas. La bioenergética no trabaja desbloqueando los segmentos en orden, de la cabeza hacia abajo.

Según Pierrakos[2], él y Lowen encontraron que este procedimiento no era el adecuado para pacientes esquizoides, porque tendían a presentar brotes psicóticos. Esta fue una de las razones que los llevaron a hacer terapia con el paciente de pie. Otro argumento a favor de esta posición fue utilizado por Lowen (1958), en su *Language of the body*:

> Me pregunto qué tanto es posible lograr con un paciente acostado en un diván o sentado cómodamente en una silla. Como todos mis pacientes sufren, en alguna medida, de falta de agresión, la pasividad física que implica estar acostados o sentados debe constituir una desventaja en la terapia. Si pensamos en "agresión" en términos de su significado de "moverse hacia", la posición analítica tradicional impone un límite a la agresión y al movimiento.

---

[2] Comunicación personal, 1992.

Lowen (1972) utilizó la palabra *grounding*[3] para describir el proceso mediante el cual el individuo se sensibilizaba de manera que sentía sus entrañas y sus piernas como raíces móviles. En su *Manual de ejercicios bioenergéticos*, Alexander Lowen y Leslie Lowen (1977) afirman que una persona arraigada tienen "los pies en la tierra", que está en contacto con la realidad de su existencia, identificada con su cuerpo, consciente de su sexualidad y orientada al placer; así mismo, describen una serie de ejercicios para lograr el arraigo.

El trabajo de arraigo no implica sólo estar de pie. Lowen lleva a sus pacientes a sentir el arraigo mediante posiciones estresantes. La tensión prolongada, la hiperventilación y la provocación del terapeuta suelen utilizarse en bioenergética para producir fuertes descargas emocionales.

Este tipo de trabajo ha sido criticado por las escuelas reichianas "ortodoxas". Afirman que es violento, ya que ataca a la coraza desde afuera, en vez de disolverla desde adentro, como sucede con los *actings* que ellos proponen[4]. Por su parte, Lowen y los bioenergéticos, al menos en las publicaciones que conozco, simplemente ignoran a la otra escuela. En este trabajo no abordaremos en detalle las diferencias entre las diversas escuelas. He conocido muchos terapeutas formados en la bioenergética, que no se sienten contentos cuando no hay gritos y golpes en las sesiones. El argumento que Lowen presentó en 1958 puede parecer fuera de lugar en nuestros días, cuando en los consultorios aparecen personas que tienen problemas para contener sus impulsos. Pero la bioenergética hace suyo el razonamiento de Moreno, en el sentido de que también a esas personas les serviría "sacar" la agresión en la sesión de terapia, ya que esto podría impedir que lo hicieran en situaciones inadecuadas.

---

[3] El término aparece en Lowen, A., La depresión y el cuerpo, Trad. T. Avellanosa, Alianza editorial, Madrid, 2a. edición, 1984, p 41. La traductora eligió "enraizamiento". El término arraigo es, en mi opinión, un equivalente más adecuado.

[4] Urquizu, J. y Arias, P., "El análisis bioenergético y la vegetoterapia caracteroanalítica. Dos caminos diferentes", en: *Energía, Carácter y Sociedad*, Vol. 8 (1) Mayo-Nov., 1990; y Navarro, F., "¿Por qué la bioenergética no es una terapia reichiana?", en: *Energía, Carácter y Sociedad*, Vol. 9 (2) Nov-Mayo, 1991.

Para mí, las semejanzas entre las escuelas inspiradas en Reich son mayores que sus divergencias: ya sea que pidan a sus pacientes estar de pie o acostados, suelen prescribir movimientos expresivos que pueden hacer que surjan las emociones reprimidas. Por otra parte, la violencia y la provocación no son atributos exclusivos del análisis bioenergético.

No todos los terapeutas ven a las tensiones musculares crónicas como resultado del conflicto entre los impulsos y las defensas. Otros autores consideran que las tensiones musculares crónicas son, simplemente, resultado del aprendizaje, sin especificar las circunstancias en que éste se dio. Los métodos que proponen para disolver las tensiones y lograr un mejor funcionamiento del cuerpo implican, por lo tanto, aprender otras formas de estar con el cuerpo.

A finales del siglo XIX, Frederick Matthias Alexander, actor y declamador profesional, desarrolló un método para modificar movimientos aparentemente involuntarios, basado en un problema con su propia voz (Maisel, 1969). El método de Alexander presupone que las personas no saben realmente cómo están: los malos hábitos parecen correctos toda vez que, para la mayoría de la gente, lo familiar es lo correcto. Alexander proponía demostrarle a sus alumnos, sobre su propio organismo, alternativas más eficientes de movimiento. Éstas siempre implicaban el máximo alargamiento posible de la columna en cualquier acto, así como una posición equilibrada del cuello con respecto al tronco. Para lograrlo, proponía primero prevenir (inhibir es la palabra que él prefería) las actividades mal dirigidas y después demostrar, sobre el cuerpo del alumno, la dirección correcta. Afirmaba que es inútil tratar de corregir un defecto exhortando a las personas a que lo hagan de otra manera, es decir a que lo hagan "bien", debido a que cada cual cree que hace las cosas bien, o al menos lo mejor que puede, y ella misma difícilmente advierte la posibilidad de una respuesta más eficiente (Alexander, 1969).

A partir de los trabajos de Alexander, diferentes escuelas de corte fisioterapéutico han desarrollado técnicas suaves de trabajo con el cuerpo. Muchas de éstas han sido más utilizadas en el contexto educativo que en el terapéutico. Se han hecho populares como técnicas que coadyuvan al entrenamiento de actores, músicos, deportistas y bailarines. En general, hablan más en términos de educación que de psicoterapia, haciendo referencia a alumnos en lugar de pacientes.

Una de las más conocidas es la de Feldenkrais (1975, 1977), que propone corregir la autoimagen mediante el movimiento. Feldenkrais sostiene que actuamos de acuerdo con nuestra autoimagen. A su vez, la autoimagen se desarrolla con base en las acciones y reacciones que cada quien tiene a lo largo de su vida. Cada acción tiene cuatro componentes: el movimiento, la sensación, el sentimiento y el pensamiento. Cada uno de ellos está siempre presente en cualquier acción y su naturaleza afecta a los demás. Por ejemplo, para ver algo (sensación), uno debe estar interesado o consciente (pensamiento) de algo que le importa (sentimiento) y, al menos, mover los ojos. Al tratar de enseñar un método de conocimiento y crecimiento personal, Feldenkrais elige trabajar por medio del movimiento por las siguientes razones:

- El sistema nervioso se ocupa principalmente del movimiento.
- Es más fácil distinguir la cualidad del movimiento.
- Nuestra experiencia de movimiento es más rica.
- La habilidad de moverse es importante para la autoestima.
- Toda la actividad muscular es movimiento.
- El movimiento refleja el estado del sistema nervioso.
- El movimiento es la base de la conciencia.
- La respiración es movimiento (Feldenkrais, 1977).

Para lograr la corrección de la autoimagen mediante el movimiento, aconseja reducir la estimulación al mínimo. Esto se logra, al principio, con la persona acostada, de modo que se suprima la presión que la fuerza de gravedad produce en las plantas de los pies y las articulaciones. Entonces se hacen movimientos pequeños, suaves, lentos, de modo que el cerebro detecte diferencias en el tono muscular y la alineación de las diferentes partes del cuerpo (Feldenkrais, 1975, p. 239).

Al igual que Alexander, Feldenkrais (1975, p. 45), opina que no siempre sabemos cómo estamos, y también propone que la base del darse cuenta, de la imaginación y del juicio está en crear la imagen de una acción y retardar su ejecución.

Gerda Alexander (1976) (sin ningún parentesco con F. M. Alexander) propone en su trabajo, al que llama Eutonía, una serie de posiciones de control. En la medida en que resultan molestas, dolorosas o imposibles, revelan la existencia de tensiones crónicas que limitan los movimientos de las articulaciones y la posición erecta.

Las escuelas de corte fisioterapéutico se caracterizan por prescribir movimientos suaves; no pretenden, como las terapias inspiradas en Reich, acrecentar el conflicto para disolverlo, sino ayudar al cuerpo tenso y desequilibrado a encontrar mayor armonía, eficacia y placer en el movimiento. Milton Trager (1987), por ejemplo, aconseja no tratar de atacar la rigidez con fuerza, sino aplicar más suavidad a los movimientos cuanto mayor sea la tensión. Para él, uno no se puede liberar de nada para desarrollar su potencial; lo que puede hacer es añadir experiencias positivas en la vida.

El razonamiento de Trager, al igual que otros autores como Feldenkrais o Gerda Alexander parece muy simple: podemos aprender a vivir sin tensiones, del mismo modo en el que aprendimos a vivir con ellas, sin necesidad de entrar en el análisis profundo de las causas que las originaron o las mantienen.

Buscando fundamentos más específicos de su trabajo, autores como Boyensen (1978) y Keleman (1984) han enfatizado el papel que juega el reflejo de sobresalto en la creación de la coraza o la disfunción crónica del organismo. Ante cualquier estímulo excesivamente intenso, el organismo reacciona contrayéndose. Si por algún motivo no le es posible reaccionar descargando la tensión, el patrón de contracción provocado se perpetúa y la función de auto-regulación del organismo se ve alterada. F. M. Alexander, desde el principio de sus investigaciones consigo mismo, advirtió la importancia de la posición del cuello y la cabeza en la postura y el movimiento. Pasaron muchos años antes de que relacionara su obra con los hallazgos de Rudolph Magnus, quien demostró experimentalmente que en los animales los reflejos de la cabeza y el cuello eran el mecanismo central para modificar y mantener una postura. En otras palabras, la cabeza y el cuello del animal orientan su movimiento y posición en el espacio. Basándose en esto, Jones (1976), discípulo de Alexander, estudió los efectos del sobresalto en el cuerpo, particularmente en la cabeza y el cuello.

Keleman (1989, pp. 45-46) ha descrito diferentes patrones de respuesta de los organismos ante el sobresalto. El sobresalto produce reacciones en el organismo asociadas al conjunto de respuestas autónomas que se llaman estrés. Para Keleman, cada persona debe reconocer cómo su particular patrón de estrés está organizado por capas de tensiones musculares y emocionales, ideas e imágenes, sentimientos y acciones. Sólo al darse cuenta del modo en el que un patrón de tensiones está organizado, es posible desorganizarlo y reorganizarlo. Para conseguirlo, hace que las personas adviertan qué hacen con su cuerpo cuando entran en una secuencia de sobresalto y les pide que lo hagan más, es decir, que exageren el movimiento, y después que lo hagan menos, como un acordeón que se distiende y contrae. Antes que él, Reich había pedido a sus pacientes que exageraran sus tensiones. Lo novedoso es el cuidado que pone Keleman en que el paciente conozca las sutiles variantes de su cuerpo-mente a medida que pasa, por ejemplo, de la tensión a la relajación, o de la contracción a la expansión. Para Keleman, cada paso es una oportunidad para aprender a desorganizar y reorganizar la coraza. En su trabajo encontramos una síntesis afortunada de los conceptos y formas de trabajo de las escuelas inspiradas en Reich y las "fisioterapéuticas".

La terapia psicocorporal implica la prescripción y análisis del movimiento y la postura. Los movimientos que se sugieren pueden ser fuertes o suaves; orientados hacia la conciencia de las pequeñas variantes, a la producción de estrés o a la "liberación" de emociones y al abandono espontáneo. Las posturas pueden ser similares a las que el paciente adoptó en etapas anteriores de su vida o totalmente nuevas para él. En cualquiera de los casos, se reconoce que hablar de algo no es lo mismo que hacerlo; que el pensamiento y la palabra a veces facilitan, pero en muchas ocasiones inhiben la acción. En suma, que las personas no siempre cambian sólo por hablar de sus problemas o relatar la historia de su vida y que, en muchos casos, adoptar o prescribir diferentes posturas y movimientos adecuados para diversas problemáticas aumenta la efectividad de la psicoterapia.

La exposición de la importancia de la postura y el movimiento quedaría incompleta si no mencionamos al ritmo. En todas las culturas, las madres cantan y mecen rítmicamente a los niños. Los chamanes, esos terapeutas de las culturas de cazadores y recolectores, hacen lo mismo: utilizan cantos y ritmos para que tanto ellos como sus "pacientes" entren en estados alterados de conciencia. Pero el ritmo no sólo altera, también encuadra y contiene (Shott-Billmann, 1993).

El ritmo ha sido más estudiado desde la danza y la música que en el contexto de la psicoterapia tradicional. El matrimonio del arte y el proceso de curación y crecimiento ha originado híbridos tan valiosos como la musicoterapia y la terapia mediante la danza, que al utilizar el movimiento y la postura se pueden colocar en el conjunto de las terapias psicocorporales. Pero profundizar en sus aplicaciones terapéuticas iría más allá de los límites de este trabajo.

Sin embargo, es preciso hacer ciertas consideraciones generales sobre el ritmo y su relación con los movimientos que se prescriben en la terapia psicocorporal, en particular la de inspiración reichiana. Ya sea en sesiones individuales o de grupo, los movimientos de los pacientes pueden guardar un orden acompasado o una proporción, y la personas que los ejecutan pueden experimentar con diferentes compases o ritmos en sus acciones. También se puede invitar al movimiento descontrolado. En los tiempos en que estudié bioenergética (1978-1980), la recomendación siempre era entregarse a los movimientos expresivos sin ritmo aparente, perdiendo el control. La misma palabra control sugería rigidez. Pero, en *La espiritualidad del cuerpo* (1990, p. 157), Lowen señala que un mismo ejercicio bioenergético como golpear un colchón, por ejemplo, puede hacerse abandonándose al impulso, sin ritmo aparente, o de un modo armonioso, con regularidad. Para determinar en cuáles casos es aconsejable que el movimiento se haga de un modo rítmico y en cuáles se debe hacer de forma descontrolada, regresemos a lo que dicen los artistas respecto al ritmo.

El compositor Aaron Copland (1939, pp. 33-34) afirma que el ritmo es, muy probablemente, el elemento más antiguo de la música, y los ritmos básicos se vinculan naturalmente con el ritmo corporal. Es posible que los primeros ritmos tengan que ver con el cambio de peso, el ascenso y descenso durante la marcha, el trote y la carrera; estos, a su vez, son proporcionales al latir del corazón y al ritmo respiratorio (Pérez, A., comunicación personal, 1994).

Para la coreógrafa Doris Humphrey (1959, pp. 121-122), el ritmo procede de la respiración; de otras funciones orgánicas como el latir del corazón, la peristalsis, la contracción y distensión de los músculos y las ondas de sensación y en la marcha. Sugiere que el ritmo emocional se forja en el ritmo motor y respiratorio. Siguiendo a Keleman (1984), habría que incluir a los ritmos pulsatorios de todas las funciones orgánicas como sustentos del ritmo emocional. La vida del organismo es polirrítmica: cada una de la funciones del cuerpo guarda un orden acompasado que se puede acelerar, lentificar o inhibir. En su conjunto, los ritmos vitales pueden ser más o menos armónicos.

Según Humphrey (1959, p. 120):

> El ritmo es el gran organizador (...) las pautas rítmicas dan sentido y sensibilidad a la vida, y la masa de materia que carece de ritmo es anárquica, caótica, una amenaza para toda organización.

Si el ritmo organiza y contiene, ¿qué sentido tiene pedirle a un paciente que pierda el control, que se abandone al movimiento "espontáneo" (aunque alentado, o hasta provocado por el terapeuta y el grupo), que se desorganice? Ciertamente, en algunas ocasiones es necesario desorganizar para construir un nuevo orden. Es posible que esto sea una indicación adecuada para una persona estructurada rígidamente, con una neurosis típica, pero podría resultar contraproducente exhortar a la persona en crisis, o con una organización fronteriza de la personalidad, a que se desorganice.

En la naturaleza los movimientos más caóticos, sin ritmo aparente, tienen un orden que sólo es evidente si se les observa por un período suficientemente largo (Gleick, 1987).

En el ser humano, como apunta Fraisse (1974, p. 197) cuando se debilita el control de la actividad por los centros superiores:

> A causa de una deficiencia general, de una enfermedad mental, de lesiones difusas o simplemente a causa de la fatiga, se da como una liberación de cierta actividad rítmica espontánea que puede tomar la forma de temblores, de balanceo o, más comúnmente todavía, de estereotipias. En estados de agitación, Jaspers nos dice que "pueden

observarse danzas, brincos, cabriolas, botes, saltos e innumerables movimientos rítmicos". Estas actividades espontáneas (...) con el surgimiento de ritmos motóricos elementales son signo de una desintegración.

Pero, al menos, algunos "ritmos motóricos elementales", que para Fraise son signo de desintegración, tienen gran importancia en terapia psicocorporal.

Es posible que, al desorganizar una estructura disfuncional, ésta regrese a un orden natural o, para expresarlo en términos de ritmo, que perdiéndose en la desorganización surja el ritmo "natural", autorregulado. Si así fuera, creeríamos que desestructurando a cualquier persona, rígida o no, eventualmente surgiría de lo profundo de su organismo la autorregulación. Pero no siempre sucede así.

La respiración

Aunque en rigor la respiración también es movimiento, merece ser tratada por separado. El trabajo con la respiración ha sido utilizado en las culturas más diversas, tanto para promover la salud y el bienestar como para provocar estados alterados de conciencia. Mircea Eliade (Campbell, 1982, p. 207) encontró que el uso de técnicas para controlar la respiración con el fin de producir "calor interno", estuvo ampliamente diseminado entre los chamanes de las culturas "primitivas". El control consciente de la respiración era entonces practicado junto con la danza, los sonidos rítmicos, las drogas y la meditación, y no sólo producía calor interno, sino éxtasis, identificación con diversas figuras míticas, posesiones y diversos ,"poderes" (Campbell, 1982, pp. 283-284).

Las tradiciones chamánicas que pudieron existir en Occidente fueron borradas por la cuidadosa labor de las iglesias cristianas, en general enemigas de que sus fieles encontraran a un Dios inmanente y se liberaran de la tutela de los sacerdotes. La ciencia, por su parte, al preferir lo objetivo relegó hasta hace poco al estudio de los estados alterados de conciencia al campo de la psicopatología.

De este modo, el interés por la respiración en Occidente fue promover la salud en el contexto de la educación física y no buscar el éxtasis. En ese sentido, Carola Speads (1978, pp. XXI-XXII) destaca la labor precursora de Francois Delsarte, quien al perder la voz estudió el movimiento y la respiración y desarrolló un sistema de educación del movimiento a mediados del siglo XIX[5]. El sistema de Delsarte, junto con el de Koffer, sigue siendo la base del trabajo con la respiración que se hace en el contexto de la re-educación física en Estados Unidos y Alemania. Carola Speads, heredera de estas tradiciones, afirma que no hay una forma de respirar que sea la correcta para las diferentes situaciones de la vida. Por el contrario, la respiración es correcta si se ajusta libremente a las necesidades de cada momento de manera que nos apoye para enfrentarnos a los diversos retos con que nos encontramos.

La terapia psicocorporal ha oscilado entre la búsqueda de la respiración natural y la prescripción de la respiración forzada. En el período en que Reich vivió en Noruega y practicó la vegetoterapia caracteroanalítica, la respiración cobró cada vez más importancia en su trabajo terapéutico. Según Boadella (1973, p. 123), Reich empezó a poner atención en las alteraciones respiratorias de sus pacientes alrededor de 1935. Notó que la liberación de las emociones siempre estaba acompañada de una respiración más completa y libre (Sharaf, 1983, p. 237). Como consecuencia, la supresión de las emociones se conseguía al no permitir la exhalación completa. En el capítulo VIII de *La función del orgasmo* (Reich, 1948, pp. 255-256), destacó la importancia de la respiración como técnica para producir el reflejo del orgasmo:

> No existe neurótico capaz de exhalar en un solo aliento, profunda y suavemente. Los enfermos han desarrollado todas las prácticas concebibles para evitar la espiración profunda. Exhalan "espasmódicamente" o, tan pronto como han expelido todo el aire, rápidamente vuelven el pecho a la posición inspiratoria. Algunos pacientes, cuando se percatan de la inhibición, la describen así: "es como si una ola del mar golpeara un acantilado".

Ya sabemos que, años después, F. M. Alexander también desarrollaría un sistema de re-educación física a partir de un problema personal.

Reich advirtió que si le indicaba a sus pacientes que respiraran profundamente, su inspiración y espiración se hacían forzadas y artificiales. Por eso desalentaba los ejercicios respiratorios. En ese sentido, Sharaf (1983, p. 313) recuerda que en las sesiones decía "Nada de ejercicios de Yoga, por favor". En cambio, para ayudar a sus pacientes a superar este problema, Reich los invitaba a seguir hasta el fin su espiración, atendiendo a las diferentes formas en que inhibían este proceso.

Los alumnos y seguidores de Reich también recomiendan la respiración natural. Tanto en la terapia bioenergética como en la terapia reichiana ortodoxa, se invita al paciente a que no contenga su respiración, a que se deje respirar naturalmente, pero no se le pide que respire de un modo forzado. (Lowen y Lowen, 1977, p. 26-27; Baker, 1967; Navarro, F., 1993).

Por otra parte, la respiración profunda, forzada, ha sido utilizada por muchas terapias psicocorporales. En particular, la terapia primal y las terapias de renacimiento utilizan la hiperventilación para provocar descargas emocionales y estados alterados de conciencia.

Esta intención es evidente en Janov (1970, p. 122) cuando afirma que la respiración neurótica tiene el propósito de defendernos del dolor, por lo que en su terapia primal se obliga al paciente a que respire profundamente con objeto de superar la represión.

Por su parte, Groff ha utilizado una forma de respiración forzada, a la cual llama Respiración Holotrópica para producir estados alterados de conciencia. Durante años, este autor experimentó con los efectos de LSD en sus pacientes durante las sesiones terapéuticas. Encontró que, tarde o temprano, todos trascendieron "el estrecho marco de referencia psicodinámico para adentrarse en los ámbitos perinatales y transpersonales" (Groff, 1980, p.145). La investigación con LSD debió suspenderse por razones legales, y entonces Groff optó por utilizar la hiperventilación para producir estados alterados de conciencia.

Los malos hábitos respiratorios que durante toda su vida han observado la mayoría de las personas ocasionan que, si se les pide que respiren siguiendo la exhalación hasta el final, tal como lo hacía Reich, pueden hiperventilarse. Esto se puede solucionar si se les pide que hagan una pausa al terminar la exhalación. La hiperventilación produce deficiencia de bióxido de carbono y hace que el pH de la sangre se haga más alcalino; paradójicamente, estos cambios hacen que las arterias que llevan sangre al cerebro se contraigan, reduciendo el flujo de sangre al cerebro a una tercera parte de lo normal (Lowry, 1980). Los efectos de hiperventilación son la respuesta del cuerpo a una situación de estrés que produce desorientación o confusión a nivel psíquico, y una serie de síntomas asociados a la angustia e hipertensión en el cuerpo.

Consciente de ello, Boadella (1987, pp. 80-83) se preguntaba cómo se podría ayudar a las personas provocando disfunciones en los principales sistemas del cuerpo. Según él, la creencia de que la hiperventilación ayuda a que las personas "rompan" los bloqueos, carece de bases fisiológicas y puede ser peligroso.

La hipoventilación no ha recibido la misma atención que la hiperventilación en la literatura especializada (Lowry, 1980). Al respirar más lentamente, se produce un decremento de la actividad y se entra más en la fantasía (Keleman, 1982). La hipoventilación ha sido más utilizada en el contexto de diferentes técnicas de meditación, pero en la medida en que éstas se incorporan o mezclan con la práctica de la terapia psicocorporal deberá investigarse más a fondo.

Boadella (1987, p. 80), después de más de veinte años de trabajar como terapeuta psicocorporal con varios miles de personas, ha encontrado que la mitad de las personas necesitan aprender cómo profundizar su inspiración, mientras que a la otra mitad se le puede ayudar si exhala completa y libremente. Lo mismo se puede afirmar de la hipo e hiperventilación, íntimamente relacionadas, aunque no idénticas, a los problemas con las fases de la respiración; las personas impulsivas probablemente se beneficien de ciertas prácticas contemplativas e introspectivas, que implican respirar menos. Estas mismas prácticas resultarían contraproducentes para personas cuya existencia es demasiado quieta. Por otro lado, al respirar profundamente se podría ayudar a las personas cuyo problema fuera la falta de energía e iniciativa. Finalmente, todo el mundo se beneficiaría si se permitiera ajustar su respiración a las diferentes situaciones de la vida.

Incluso, hay otra forma de trabajar con la respiración en psicoterapia. Canetti (1960) da cuenta de cómo al marchar o entonar cantos o consignas al unísono, un conjunto de individuos se va transformando en una masa. Los cantos en las diferentes iglesias, las porras en los estadios y los gritos a coro de los manifestantes sirven para esta función. Lo co-inspiración, técnica que consiste en sincronizar el ritmo respiratorio de dos o más personas, se ha usado en las disciplinas esotéricas para establecer "resonancia mental" y simpatía entre iniciados y maestros. Se dice que Gurdjieff era experto en esas técnicas (Walker, 1977). En el contexto de la psicoterapia, Grinder y Bandler (1980) recomiendan respirar al mismo tiempo y profundidad cono forma de establecer contacto o *rapport* con los pacientes. Advierten que esta forma de reflejo no verbal suele ocurrir de modo inconsciente y que, si se hace con pacientes que presentan padecimientos serios o molestos, el terapeuta puede también sentirse muy mal.

El contacto físico

En la medida que el cuerpo es objeto de tratamiento, tanto o más que las verbalizaciones del paciente en las terapias psicocorporales, muchas diferentes formas de contacto físico se vuelven parte del repertorio del terapeuta. Desde luego, aun el saludo convencional puede dar pie a intervenciones terapéuticas, pero me referiré específicamente a las técnicas en las cuales se emplea el contacto físico propositivamente para producir ampliación o cambio en la conciencia y/o emergencia de emociones, además de relajación o modificación de los patrones de tensión muscular. Si el contacto sólo pretende producir resultados a nivel físico, el trabajo no se puede llamar psicoterapia, pero puede tener resultados terapéuticos. Por otra parte, determinadas formas de contacto pueden no haber surgido en el contexto de la psicoterapia, pero pueden utilizarse con esos fines.

En el masaje terapéutico, el terapeuta aplica sus manos a un paciente cuya tarea es principalmente recibir y, en algunos casos, reaccionar al contacto. Es muy difícil hacer una lista que incluya todos los tipos de masaje. Como señala Martínez (1992):

Desde siempre, y en casi todas las culturas, se han desarrollado de manera artesanal técnicas de masaje, las cuales han sido utilizadas para el alivio de trastornos tanto del "cuerpo como del alma".

En el capítulo II hablé de cómo Freud, en alguna época, dio masaje a algunas de sus pacientes, y posteriormente creó una técnica terapéutica que prohibía todo contacto que no fuera el saludo convencional. La moral decimonónica de Freud y sus colegas, y la intención de que el tratamiento psicoanalítico no fuera un procedimiento médico fueron probablemente dos de los factores que hicieron que el psicoanálisis ortodoxo se mantuviera alejado del contacto físico. Quizá Freud tenía razón. En las primeras décadas del siglo, el tratamiento psicoanalítico era objeto de más que suficientes controversias, malos entendidos y caricaturizaciones como para añadir un elemento que posiblemente habría causado desprestigio. Desde entonces, muchas formas de psicoterapia limitaron el contacto físico en las sesiones de psicoterapia al mínimo que se da en la interacción social: el saludo y acaso otras formas convencionales. En la medida en que el psicoterapeuta observa la abstinencia mantiene al paciente en una situación de "frustración controlada" y no pretende satisfacer sus necesidades ni hacerlo feliz. Desde una óptica ortodoxa, tocar a un paciente ciertamente podría verse como gratificar necesidades tempranas, tal vez de naturaleza oral, lo cual no contribuiría al clima de privación, necesario para que el paciente "descubra su manera de amar y de odiar, y sus condiciones para hacerlo" (Menninger y Holzman, 1958, pp. 78-84). Si tocar de un modo no convencional está contraindicado, el masaje queda fuera de toda consideración.

Pero quienes practicaban el masaje, aún sin una gran preparación, pronto advirtieron que sus efectos no se limitaban a relajar tensiones y mejorar la circulación: con frecuencia surgían emociones y recuerdos que hasta entonces habían permanecido inconscientes. Las técnicas de masaje tradicional han sido redescubiertas por los psicoterapeutas que no temen utilizar el contacto físico en situaciones profesionales.

Probablemente, el mismo Reich empezó a usar sus manos para disolver las tensiones de sus pacientes durante su estancia en Noruega, entre 1934 y 1939. Presionaba con fuerza usando su pulgar o la palma de su mano para atacar las contracturas musculares y despertar las emociones contenidas en ellas. Myron Sharaf (1983, p. 313), sin duda el más acucioso de los biógrafos de Reich y también su paciente, afirma que el tipo de contacto físico que Reich hacía era afectivamente neutral, de alguna manera médico, y no tenía que ver con masajes o imposiciones de manos. Su hija, Eva Reich (en Téllez, 1990) dijo que Reich se burlaba de los "pellizcadores de músculos". De todas formas, aunque en sentido estricto lo que Reich hacía con sus manos no podía calificarse de masaje, es ahora conocido como masaje reichiano.

Según Navarro, el masaje reichiano tiene por objetivos permitir al paciente percibir sus propias tensiones y al terapeuta localizarlas y movilizar energía bloqueada en ellas. Con frecuencia se piensa que el masaje reichiano es fuerte y muy doloroso. Desde la "ortodoxia" no se niega que en ocasiones puede ser doloroso, pero nunca violento. Al respecto, Guash (1983) advierte:

> Si un individuo tiende a proteger las zonas más frágiles de su cuerpo acorazándolas por una acumulación de energía, no se le hace ningún favor al intentar romper estas defensas con base en masajes profundos y posiciones estresantes.

La integración estructural, más conocida como *rolfing* (Rolf, 1977), y un derivado de ésta, la integración postural, de Jack Painter (1984), son conocidas precisamente por trabajar a base de masajes profundos que pueden ser muy dolorosos. Los fines, en este caso "liberar" emociones y lograr que el paciente asocie y recuerde, parecen justificar los medios. El terapeuta debe ser particularmente cuidadoso. Painter (1987, p. 18) advierte que el terapeuta demasiado fuerte, quien con el masaje produce un dolor tan intenso que el paciente no puede asimilar, corre el riesgo de cortar el proceso de transformación y curación, pero si es muy demasiado débil o condescendiente, el masaje pierde su poder. De este modo, el contacto físico fuerte puede resultar doloroso o ser percibido por el paciente como una invasión. Al igual que las confrontaciones enérgicas, debe dosificarse. No puede ser la única herramienta terapéutica.

Existe también un gran número de escuelas que trabajan con base en el contacto físico suave. Son tantas que es difícil precisar sus características y las diferencias entre unas y otras. En el capítulo I hablé de cómo los "creadores" de diferentes formas de trabajar con el cuerpo insisten en inventar nuevos nombres y fundar escuelas diferentes sólo en el nombre o en la terminología utilizada. En el caso que nos ocupa, a pesar de que la estrategia terapéutica implique aplicar sus manos a las tensiones de sus pacientes, muchos profesionales insisten en que lo que hacen no es masaje por el afán de parecer originales y vender un producto diferente, más que para contribuir a la difusión e investigación de sus efectos en los procesos de crecimiento personal.

Más aún: la práctica de muchas escuelas no está estandarizada, de manera que un masaje de determinado tipo puede variar en función de los diferentes masajistas que lo den o la persona que lo reciba.

Otra forma de contacto físico, muy cercana a la terapia psicocorporal, son las "imposiciones de manos". Asociadas a tradiciones más o menos esotéricas, pretenden equilibrar o movilizar la energía del cuerpo sutil (Tansley, 1977) que se encuentra estancada o desequilibrada, al colocar las manos en determinadas zonas del cuerpo (Blades, 1979; Brennan, 1988).

Algunas de estas formas de intervención tienen un nombre específico como la terapia de polaridad, el reiki y el shen.

Es difícil definir si los masajes suaves y las "imposiciones de manos" son o no una forma de psicoterapia. Si nos atenemos a la definición de Wolberg, tal como aparece en el glosario, estas formas de contacto pueden, en efecto, ser una forma de tratamiento para problemas de naturaleza emocional, remover síntomas y promover el crecimiento. Sin embargo, sus logros se limitan en la medida en que no hay una elaboración de las emociones, recuerdos o fantasías que surgen en quienes las reciben. Es más fácil argumentar a favor del uso de los masajes suaves basándonos en conceptos como la armadura del carácter. Para defender a las imposiciones de manos es preciso entrar en el tema de las energías sutiles del cuerpo, lo que iría mucho más allá del objetivo de este trabajo. Pero quienes emplean sus manos para ayudar a los demás a sanar, conocer y transformar su cuerpo-mente, con frecuencia hacen ese tipo de contacto físico con sus pacientes sin sustentarlo necesariamente en creencias que están más allá del mundo "objetivo" de la ciencia occidental.

Además de los masajes suaves y profundos y las imposiciones de manos, los terapeutas psicocorporales utilizan el contacto físico de la misma manera que el lenguaje: como una forma de comunicarse con sus pacientes. En otro lugar (Ortiz, 1992c) me he referido a este tipo de contacto, poniendo por ejemplo casos en donde el terapeuta toca la cabeza de los pacientes en diferentes contextos y con diversos fines terapéuticos.

Otras formas de contacto que incluyen la dirección son, por ejemplo, cuando el terapeuta orienta los movimientos del paciente con sus manos y la comunicación terapéutica, si el terapeuta inicia o propicia que el paciente inicie diferentes formas de contacto físico con el fin de escenificar situaciones problemáticas actuales o pasadas del paciente, provocar la emergencia de sentimientos y modificar su actitud característica. La comunicación no se restringe a la actitud que el terapeuta tiene hacia el paciente. Por ejemplo, Gerda Alexander señala que una persona entrenada puede transmitir equilibrio en el tono muscular. En cambio, el contacto físico entre personas no capacitadas puede ayudar a salir a alguien de su aislamiento, pero también puede transmitir el desorden propio a la persona que recibe el contacto. Por eso, en eutonía no se hacen ejercicios de contacto y toque entre los alumnos hasta que su tono esté regulado, de modo que no pueda perjudicar al de los demás.

En resumen, al tocar a sus pacientes los terapeutas pueden perseguir diferentes fines, que no se excluyen entre sí:

- Relajar tensiones.
- Reorganizar patrones musculares.
- Aumentar la sensibilidad.
- Provocar la emergencia de recuerdos y emociones.
- Dirigir movimientos.
- Comunicar ofreciendo apoyo, resistencia, afecto.

En todos los casos, el contacto físico no es una maniobra mecánica, sino una forma de comunicación entre un profesional y alguien que busca ayuda y debe estar al servicio del proceso terapéutico, no de las necesidades del terapeuta.

Además del trabajo con las tensiones musculares crónicas, el contacto físico en todas sus variantes pueden tener una gran variedad de efectos a analizar. Por ejemplo, puede favorecer el arraigo, en el sentido en que lo usa Lowen. Una persona que se siente fuera de su cuerpo puede recobrar la sensación de habitarlo mediante la intervención paciente, sensible y cuidadosa de un terapeuta que la invite a percibir el mundo con los órganos de los sentidos, incluida la piel. En esos casos, un masaje a todo el cuerpo no estaría indicado, sobre todo fuera del contexto de una sólida relación terapéutica. Para personas con una organización fronteriza de la personalidad, un masaje, aun si es muy suave, puede ser contraproducente. Las sensaciones experimentadas, en vez de placenteras o relajantes, pueden desorganizar al paciente. Boadella (1987, p. 134) relata el caso de una mujer a la que un masaje, administrado con la mejor intención, le provocó un brote psicótico al "precipitar un deshielo, debilitar su ya de por sí débil sentido de sí misma". Pero esta misma mujer pudo ser ayudada mediante un contacto firme, que le diera la sensación clara de estar contenida en los límites de su cuerpo. Podemos afirmar que para las personas psicóticas, o con organización fronteriza de la personalidad, cierto tipo de contacto puede resultar contenedor, mientras que un contacto más brusco podrían vivirlo como una intrusión desorganizante.

Es necesario considerar que en el masaje terapéutico y otras formas de contacto físico, es el terapeuta quien hace el mayor esfuerzo. Si el paciente evoca emociones o su patrón de tensiones musculares se modifica, es consecuencia de algo que se le hace. El papel pasivo que adopta puede, en muchos casos, reforzar la inactividad y la creencia de que el cambio debe venir de fuera, gracias a la intervención de otro. Por otro lado, a algunas personas les cuesta recibir, de manera que la experiencia de estar acostadas sin hacer nada mientras otras personas hacen las cosas por ellas, puede ser muy provechosa.

Para el paciente, la experiencia de ser tocado puede implicar:

- La agradable sensación de ser cuidado, cuando otra persona hace las cosas por él.

- Conocer a su propio cuerpo de un modo distinto, sensibilizarse, estar más en él.
- Aceptar su propio cuerpo, desinhibirse.
- Asociar recuerdos, sensaciones y emociones.
- Ser dirigido, ensayar nuevas conductas, tener la sensación de presencia y apoyo del terapeuta. Enfrentarse a lo nuevo con el respaldo de un yo observador.
- Realizar simbólicamente ciertos deseos, dada la transferencia con el terapeuta.
- Excitarse sexualmente.
- Sentirse invadido, molesto o provocado.

Cada una de estas implicaciones debe ser explorada cuidadosamente por el terapeuta y el paciente.

La descarga emocional[6]

Si algo ha sido caricaturizado de las terapias de orientación reichiana es la expresión abierta, en ocasiones violenta, de las emociones. Para muchos, la terapia reichiana, la bioenergética y en general todas las formas de terapia que de alguna manera involucran al cuerpo, proporcionan excelentes oportunidades para el *acting out*[7] y contribuyen a mantener las fantasías infantiles (Arensberg, 1978, pp. 88-89), y en ellas hay una descarga de la ansiedad y no un manejo de la misma, por no existir elaboración (Cappon, 1978, p. 91).

Las dudas respecto al valor de la descarga violenta de emociones no sólo vienen de los practicantes de psicoterapias más convencionales. William Shutz (1973, p. 13), quien contribuyó a popularizar los grupos terapéuticos en los cuales se incluían técnicas psicocorporales, se presta a todo tipo de críticas al admitir que existe la posibilidad de

---

[6] Este apartado se basa, en parte, en *La catarsis en la terapia psicocorporal* (Ortiz, 1992b), y en *El papel del terapeuta respecto a la descarga emocional, según tres diferentes modelos teóricos*, Tercer Congreso Internacional de Terapias Psicocorporales, realizado en Castelldefels, España (Ortiz, 1993a).

[7] Actuar de manera impulsiva.

que sus necesidades personales hagan que exija a sus sujetos gritar, vociferar, llorar o pelear. Incluso Fritz Perls (1972, p. 91), quien fuera paciente de Reich y en cuya terapia Gestalt se advierte la influencia de éste, afirma que en la terapia reichiana la catarsis se usa para liberar al organismo de las emociones, que son una molestia y alteran la paz, y que el material que emerge no se asimila.

La expresión violenta de las emociones también tiene sus partidarios. Sorprendidos o incluso atemorizados, muchos pacientes y terapeutas que han experimentado con técnicas que propician la catarsis ya no se conforman con terapias "verbales". Para muchos, tener una oportunidad de dar salida a sus emociones, especialmente si son "negativas", en el ambiente contenedor de un consultorio, proporciona alivio inmediato al sufrimiento físico y emocional y propicia el surgimiento de material reprimido de un modo más efectivo que la psicoterapia verbal. Por otra parte, aun aquellos terapeutas para quienes la descarga emocional es un elemento indispensable de una buena psicoterapia, pronto aprenden que, al parecer, existen catarsis que liberan al individuo de una vez por todas de la carga de una emoción reprimida durante mucho tiempo, y otras que sólo proporcionan un alivio temporal.

Con objeto de responder a estas críticas y valorar la importancia de la descarga emocional en la terapia psicocorporal, es preciso hacer una cuidadosa revisión de la posición de Reich y sus discípulos al respecto.

Para empezar, es necesario reconocer que la catarsis no surgió por primera vez en el consultorio de Reich ni es, como veremos, un fenómeno exclusivo de la terapia psicocorporal.

La importancia de las emociones en la comunicación, su valor adaptativo y la relación de la intensidad de la emoción con la expresión de la misma fueron advertidas por Charles Darwin (1872), cuando escribió *The expression of the emotions in man and the animals*. Una breve cita de esta obra servirá para iniciar mi exposición sobre la descarga emocional en psicoterapia:

> Los movimientos expresivos dan vitalidad y energía a nuestras palabras; pueden mostrar nuestros pensamientos con más fidelidad que las palabras, las cuales pueden mentir. La expresión libre de los signos externos de una emoción, la intensifica. Se pueden producir las pasio-

nes si se pide a las personas que adopten las posturas adecuadas. Por otro lado, la represión de todas las señales externas suaviza nuestra emoción.

La catarsis en la primera época del psicoanálisis

En 1891, Joseph Breuer visitaba a diario a su paciente Bertha Pappenheim, conocida como Ana O. Bajo una hipnosis ligera, la paciente recordaba eventos olvidados y experimentaba emociones fuertes, inaccesibles en su estado de conciencia "normal". Este procedimiento tenía efectos curativos, al menos temporalmente, de modo que ella lo describió como "limpieza de la chimenea" (Gay, 1988, pp 50-51). Era como si hablar de recuerdos largamente olvidados y expresar emociones reprimidas fuera, en efecto, deshollinar la chimenea que devolvía al tiro su capacidad de darle salida al humo y al aire caliente. Sabemos que el alivio de Ana O. fue temporal: el método catártico de Breuer era efectivo para dar mantenimiento a la chimenea, pero no corregía problemas estructurales.

Años después, Freud (1904, p. 393) explicó que, al emerger recuerdos reprimidos a la conciencia, se liberaba cierta cantidad de energía atada al síntoma y éste desaparecía. Desde *Estudios de la histeria*, destacó que los recuerdos carentes de afecto no eran capaces de aliviar los síntomas y afirmó que la pérdida de afecto de un recuerdo dependía, sobre todo, de la reacción enérgica del sujeto (Breuer y Freud, 1895, pp. 25-28).

Con el tiempo, la hipnosis y el método catártico de Breuer cedieron su lugar al psicoanálisis. La asociación libre, pilar de la terapia psicoanalítica, fue un instrumento más adecuado para hacer consciente lo inconsciente; sin embargo, no siempre favoreció la expresión de las emociones.

La psicoterapia, a partir de Freud, ha adoptado diversas posturas frente a la expresión de las emociones en el consultorio. En términos generales, todos reconocen la importancia de las emociones, pero hay quienes se contentan con hacerlas conscientes y tenerlas bajo control, mientras que otros las provocan. Siguiendo las palabras de Darwin, algunos intensifican las emociones y otros las suavizan.

Reich y la expresión de las emociones en psicoterapia

Reich concibió al carácter en términos energéticos. El endurecimiento del yo y la tensión crónica de la musculatura impedían la salida de una cantidad de energía, materializada en los impulsos y, a su vez, su mantenimiento implicaba un gasto de energía. Por lo tanto, para modificar el carácter, la psicoterapia necesariamente debía movilizar energía. En el conflicto impulso-defensa, el terapeuta tomaba partido colocándose al lado de los impulsos, movilizando su energía. Debido a que las emociones fueron vistas como manifestaciones de energía (Reich, 1949, p. xv), la movilización de energía fue sinónimo de movilización de las emociones (1949, pp. 394).

En ese tiempo Reich, como la mayoría de los psicoanalistas, no veía bien la terapia catártica, que habían practicado Breuer y Freud décadas atrás. Hizo, sin embargo, una importante distinción: si el significado de un síntoma se hacía consciente, podía haber cierto alivio mediante una descarga emocional, pero esto no tenía efecto sobre la fuente de la energía del síntoma: el carácter mismo del neurótico (1949, pp.13-16).

Para Reich, la descarga emocional valiosa es aquella que precede o acompaña la disolución de un rasgo neurótico de carácter. Como los rasgos de carácter son a la vez "psicológicos" y corporales, la modificación de un rasgo de carácter es, al mismo tiempo, un cambio en la conducta y en las tensiones crónicas del cuerpo.

El análisis el carácter implica hacer conscientes los impulsos que originaron los rasgos de tipo reactivo de tal modo que muchas veces se reviven emociones intensas y se recuerdan eventos olvidados. Por otra parte, ya hemos comentado que Reich desarrolló un método de trabajo que lo llevaba a provocar a sus pacientes, y el cual suponía que la represión de cualquier impulso producía ira, por lo que al ayudar a los neuróticos a tener accesos de ira se producía una notable mejoría (Reich, 1948, p. 61).

En todo momento, Reich consideró que la enfermedad era resultado de un conflicto entre los impulsos y las defensas. Cuando analizaba el modo en que el paciente se resistía al progreso de la terapia, al describir o imitar la posición de éste, intentaba que fuera consciente del modo en que reprimía sus impulsos y de cómo esto le restaba vitalidad. Al alentar al paciente a respirar, aplicar sus manos a las tensiones corporales y provocar a sus pacientes confrontándolos con lo que tomaba por rasgos defensivos, conseguía violentas reacciones emocionales. En última instancia, las emociones eran lo más importante en su trabajo, según le enseño a Sharaf (1983, p. 313):

> La terapia no consiste en trabajar con las tensiones o los músculos como tales, sino en trabajar con las emociones, con la expresión de las emociones.

La descarga emocional en el trabajo de los discípulos de Reich

Para los discípulos de Reich, la expresión de las emociones es el ingrediente fundamental de la psicoterapia. John Pierrakos[8], por ejemplo, considera que sólo el calor de las emociones es capaz de fundir la armadura del carácter. Para él, la descarga emocional es una suerte de purificación necesaria para acceder a niveles más elevados de conciencia.

Alexander Lowen reitera en sus libros la importancia de la expresión de las emociones. El análisis de los conflictos reprimidos, la liberación de emociones suprimidas y la disolución de las tensiones musculares crónicas tienen como fin que la persona sea capaz de tolerar más excitación y, por lo tanto, aumentar la capacidad de placer (Lowen, y Leslie Lowen, pp. 9-10). De este modo, cada vez que nos permitimos que las emociones reprimidas se expresen, aumenta la energía o excitación.

Las expresiones o gestos difíciles de realizar abren al cuerpo para expresar las emociones (Lowen, 1972, p. 111). Del mismo modo en que el ambiente restrictivo de la familia produce personas incapaces

---

[8] Comunicación personal, 1992.

de expresar determinadas emociones, las condiciones de controlada permisividad de la sesión terapéutica pueden lograr que reaprendan a reconocer, expresar y aceptar toda la gama de emociones. Una persona que está en contacto con su vida emocional puede escoger si manifiesta o no determinada emoción; una persona acorazada, en cambio, no tiene acceso a una buena parte de su potencial de respuestas emocionales. En ese sentido, las sesiones de terapia corporal pueden ser un modo de aprendizaje.

Hasta cierto punto, la descarga de una emoción estereotipada tiene sus ventajas: proporciona, por lo menos, una sensación de alivio temporal. De este modo, la terapia se vuelve una especie de mantenimiento en la medida en que ciertos tipos de carácter tienden a producir determinas emociones, y si éstas no se expresan directamente pueden distorsionarse de tal manera que produzcan síntomas. El propio Lowen (en Lowen y Leslie Lowen, 1977) propone otra ventaja: el desahogo emocional, en un medio adecuado, puede prevenir el *acting out* (exoactuación) perjudicial.

Incluso para la bioenergética, no todas las descargas emocionales son productivas. En *The language of the body*, Lowen (1958, pp. 127-128) nos previene respecto a los desahogos emocionales que producen sólo beneficios temporales y hasta pueden convertirse en una resistencia. Aclara que la descarga emocional se da en el punto más débil de la coraza, al tiempo que los puntos clave de la misma pueden, incluso, fortalecerse. Éste es el caso de las personas que responden ante cualquier trabajo psicocorporal con la misma emoción estereotipada. Su carácter es tal que tiende a reaccionar a cualquier situación de estrés en la vida con la misma emoción. Lo mismo les sucede en el contexto de la psicoterapia en la medida que la respiración, un ejercicio o una posición de estrés aumenta la energía de su organismo: algunas personas siempre lloran o siempre tienen coraje. Pueden pasarse todo el tiempo llorando y golpeando sin lograr cambio alguno. Este tipo de desahogos debe distinguirse de la liberación de afectos que se lleva a cabo por la conciencia repentina de un conflicto o una experiencia reprimida.

Algunos terapeutas piensan que la expresión de las emociones asociadas a recuerdos traumáticos las "desgasta" hasta liberar a la persona.

Desde la época en que se desempeñaba como psicoanalista, Reich subrayó la importancia de la expresión de las emociones negativas, particularmente si estaban dirigidas al terapeuta y se ocultaban bajo fachadas características. En la medida en que se incorporaron formas no verbales de trabajo, los terapeutas se volvieron provocadores de emociones. John Pierrakos (1987, pp. 211-214), al describir los planos en que trabaja, subraya la importancia de provocar las emociones negativas, en la suposición de que sólo así podremos penetrar la máscara y se libera al "ser inferior" (*lower self*). Según Pierrakos, la expresión de las emociones negativas, que alimentan a las actitudes defensivas y mantienen la coraza, es indispensable para acceder al núcleo de la persona. Considera que las emociones son el fuego necesario para derretir la armadura del carácter.

En efecto, algunas personas pueden expresar, por ejemplo, una gran rabia hacia su padre durante un número determinado de sesiones hasta trascender el conflicto. En algún momento, el terapeuta o el propio paciente pueden introducir un elemento de reflexión y cambio y, después de expresar la emoción negativa, el paciente parece situarse "más allá del problema"; incluso, tal vez, perdonar a su padre. Pero no siempre sucede así.

Para lograr un verdadero cambio, tanto Lowen como Pierrakos consideran necesario introducir un elemento de reflexión y re-dirección de las emociones negativas toda vez que se han "liberado". En otras palabras, una vez que el paciente aprende a expresar y no temer sus emociones negativas, dispone de una gran cantidad de energía que puede emplear de modo más constructivo. La realidad es que la expresión violenta de las emociones no es un objetivo en sí mismo.

Los terapeutas reichianos pretenden disolver la coraza muscular mediante la liberación de las emociones. Una y otra cosa son parte del mismo proceso: al disolver la coraza, se despiertan emociones o al provocar emociones se relajan las tensiones musculares crónicas. Es así como se pueden producir desahogos emocionales espectaculares mediante las técnicas psicocorporales, pero éstas no son, en sí mismas, un factor de cambio.

De todas formas, muchos terapeutas y pacientes que eligen el camino de la terapia psicocorporal de inspiración reichiana, se vuelven con frecuencia adictos a la descarga violenta, y no se sienten del todo satisfechos con el trabajo psicocorporal suave. El terapeuta para el cual la catarsis es un ingrediente imprescindible en el trabajo psicocorporal cuenta con una gran cantidad de técnicas propuestas por Reich, sus discípulos y seguidores para lograrla; pero, sobre todo, hace uso de su capacidad de provocar a sus pacientes. La provocación, en el mejor de los casos, está en función de ayudarle al paciente a entrar en contacto con sus sentimientos, particularmente los que tienen que ver con la agresión. Determinar qué tanto de los sentimientos despertados son resultado de la experiencia pasada del paciente y cuánto de la relación con el terapeuta, no es sencillo. Serrano resaltó la diferencia entre dos tipos de descarga, al definir la abreacción neuromuscular como sigue:

> La exteriorización espontánea e involuntaria –pero en estado consciente– de una emoción que el sujeto ha ido sintiendo poco a poco y que culmina con la expresión corporal (con todo el cuerpo, al ser una respuesta vegetativa) de ese sentimiento.

Así mismo, llamó *catarsis histeriformes* a todas aquellas descargas emocionales que:

> Libera(n) (al organismo) de la tensión, fruto del estresante ejercicio o manipulación, y cumplen con las expectativas de la autoridad al mismo tiempo.

Estas descargas son, de hecho, resistencias, ya que aparecen cuando se confronta un rasgo de carácter o para ocultar un sentimiento de tristeza o rabia, que en la mayoría de los casos está relacionada con el terapeuta (Serrano, 1984, p 58-63).

Por otra parte, es fácil atribuir a la transferencia cualquier sentimiento hostil que el paciente tenga hacia el terapeuta. El hecho es que muchos terapeutas psicocorporales, empezando por Reich, han tenido rasgos de carácter tales que despiertan sentimientos intensos y a menudo, incluso, contradictorios.

Terapia psicocorporal sin catarsis

En la actualidad se practican muchas variantes de trabajo terapéutico y de desarrollo personal que involucran al cuerpo. No todos están derivados de Reich. A él y a sus seguidores suele asociarse el trabajo "fuerte". La idea que muchas personas tienen de una sesión de terapia corporal de inspiración reichiana es que uno se la pasa aporreando cojines y gritando. De hecho, los desahogos emocionales son frecuentes en el trabajo psicocorporal, aun cuando se trate de un trabajo "suave", en el que utilicen técnicas no asociadas con Reich, pero que sí están basadas en su trabajo. Las posiciones de los terapeutas psicocorporales varían en cuanto al papel de la catarsis en el proceso de cambio.

Fuera de la psicología clínica, los autores que trabajan con el cuerpo consideran a la catarsis como un subproducto, no siempre deseable, del cambio. Will Shutz (1979, pp. 211-214), quien fuera durante muchos años partidario de la expresión espectacular de las emociones, relata cómo Moshe Feldenkrais, al trabajar con una mujer incapaz de manejar su tristeza por su divorcio, provocó que llorara por 20 minutos. Para los integrantes del grupo, Feldenkrais había hecho un buen trabajo, y la mujer se veía relajada y ligera. Feldenkrais, sin embargo, no estaba satisfecho. Según él, el llanto era innecesario, consecuencia de haber ido demasiado de prisa. De haberlo hecho bien, aseguró, la mujer habría soltado su tensión normalmente, dentro de su capacidad de manejar el sentimiento.

Milton Trager (En Trager y Guadagno, 1987) aconseja no tratar de atacar la rigidez con fuerza, sino aplicar más suavidad a los movimientos cuanto mayor sea la tensión. Para él, uno no se puede liberar de nada para desarrollar su potencial; lo que puede hacer es añadir experiencias positivas a la vida. Cuando, en el curso de una sesión de manipulación corporal con la técnica de Trager, se suscita el llanto, el terapeuta sólo acompaña respetuosamente al paciente y espera a que el llanto pase para proseguir su trabajo.

El razonamiento de Trager, al igual que otros de autores como Feldenkrais o Gerda Alexander parece muy simple: podemos aprender a vivir sin tensiones, del mismo modo en que aprendimos a vivir con ellas, sin necesidad de entrar en el análisis profundo de las causas que las originaron o las mantienen. Para ellos, el proceso de aprender una nueva forma de estar en nuestro cuerpo, no conduce necesariamente a una catarsis.

Keleman (1989), aunque más cercano a los discípulos de Reich, señala que la descarga emocional no siempre es adecuada. Está de acuerdo en que puede ayudar a aliviar tensiones emocionales o a restaurar la expresión de las emociones, pero subraya que no es adecuado propiciar conductas involuntarias, descontroladas, en las estructuras que carecen de límites. Insiste en que muchas personas proclives a la catarsis tienen un alto grado de excitabilidad y se "lanzan" fácilmente a las actividades, al mismo tiempo que les falta pensamiento. En tales casos, la descarga emocional puede crear desorganización. Por otro lado, Keleman insiste en que la catarsis no necesariamente desorganiza al patrón de respuestas psicocorporales que los reichianos llamarían coraza y, si lo hiciera, la desorganización de un patrón no necesariamente produce uno mejor.

Gendlin (1978 p. 8), otro partidario del trabajo sutil con las emociones, critica a aquellas terapias en las cuales los pacientes entran en contacto con las emociones —sólo para expresarlas una y otra vez. Afirma que el trabajo efectivo de auto-transformación no debe convertirse en una auto-tortura y en cambio *se siente* bien.

David Boadella (1987, pp. 86-90; 105), quizá el más erudito entre los que han escrito sobre terapia psicocorporal, advierte los peligros de aumentar los impulsos vitales (y, consecuentemente, el potencial de descargas emocionales fuertes) sin fortalecer la función contenedora del yo. Sostiene, en cambio, que la capacidad de contener un sentimiento al respirarlo, sentirlo y compartirlo nutre a las personas internamente, las integra y las transforma.

Conclusiones

En resumen, existen diferentes posiciones en cuanto a la importancia de la catarsis entre los terapeutas psicocorporales. En un extremo estarían los que consideran que la catarsis es el vehículo por excelencia para llegar a la disolución de la coraza y el cambio; en el otro, los que ven al desahogo emocional como subproducto prescindible de la disolución de la coraza y la conscientización de un conflicto reprimido.

¿Cómo distinguir la descarga emocional productiva de la cual se convierte en un fin en sí misma? ¿En qué ocasiones la catarsis provoca o acompaña un cambio profundo y cuándo es un modo más de resistirse? Es preciso distinguir diferentes tipos o niveles de descarga emocional:

La descarga emocional puede ser una herramienta de manejo del estrés

Las tensiones de la vida cotidiana hacen que la persona se cargue de energía que, de no encontrar salida, puede producir enfermedades. No siempre es posible descargar las emociones en las situaciones que las precipitaron, y una buena descarga puede producir rápidamente una sensación de alivio. Es cierto que el problema real no se soluciona, y la persona sigue siendo la misma, pero aprender a descargar las emociones en un contexto adecuado es mejor que producir síntomas. En este caso, la utilidad del desahogo emocional es temporal, un modo de mantenimiento: las técnicas catárticas se usan para descargar las tensiones que se generan en la vida cotidiana.

Por otro lado, si la emoción producida por una situación actual es excesiva, su expresión puede abrir un canal para la expresión de una emoción reprimida en otro momento.

La expresión intensa de las emociones puede ser una maniobra defensiva, si se cumple (una o más) de las siguientes condiciones:

   a) La emoción expresada encubre a otra. Ya en el capítulo referente al "Contacto físico y corriente vegetativa", en *Análisis del carácter* (1949), Reich explicó cómo la energía de un impulso se puede dividir y colocarse contra sí misma, en una formación reactiva. En este caso, un rasgo de carácter puede facilitar la expresión de una emoción en todo momento, sea o no adecuada, al mismo tiempo que impide la salida de otras. Llamaremos a estas emociones *reactivas*.

   b) La expresión de las emociones en sí produce otras emociones, que pueden impedir la expresión de la emoción original o mezclarse con ella. Así, por ejemplo, hay a quien le da coraje su tristeza, o le da miedo su coraje, y así por el estilo. Éste sería el caso de las emociones asociadas.

c) La expresión de la emoción se vuelve instrumental. La persona aprende a manipular su medio expresando determinada emoción. Se sale con la suya, por ejemplo, al coquetear, amenazar o llorar. Un caso particularmente frecuente de expresión instrumental de las emociones es la que se hace en muchas sesiones de terapia psicocorporal con objeto de complacer al terapeuta, quien no queda satisfecho si no hay una violenta descarga de emociones. En el contexto de un grupo terapéutico, lo mismo puede suceder con los otros participantes que, de un modo que puede ir de lo más sutil a lo más burdo, exigen la catarsis en cada trabajo de sus compañeros.

Estos tres casos no se excluyen mutuamente. En todos ellos, la expresión de las emociones tiene una función defensiva y carece de utilidad terapéutica si no se llega a la emoción original.

El desahogo emocional es una experiencia de aprendizaje

Esto es posible cuando la persona por fin es capaz de expresar algunas de las emociones que no había experimentado en mucho tiempo. En ese caso, no sólo se desahoga: también recupera para sí misma una posibilidad de estar en su propio cuerpo y en el mundo. Muchas personas, después de una sesión, lloran por primera vez en muchos años o expresan abiertamente su coraje como no lo habían hecho quizá desde la primera infancia.

La descarga emocional puede ser una herramienta para reorganizar al cuerpo

Debido al intenso movimiento y a la respiración profunda inherentes a ella; en otras palabras, puede ser a la vez un medio para lograr el cambio, y el preludio de éste. Al expresar intensamente una emoción no sólo se genera mucha energía, la cual puede disolver tensiones musculares crónicas, sino que produce un estado alterado de conciencia, en el que es factible recordar eventos reprimidos con todo y afectos.

La descarga emocional puede ser el preludio de un verdadero cambio

Si acompaña la emergencia de material reprimido, o si la emoción que surge es una emoción que la persona no era capaz de expresar en determinada situación. En tales condiciones, Reich hablaba de "liberar" las emociones. Suponía que, bajo la armadura, existe un núcleo que es naturalmente sano. La coraza que lo cubre es resultado de las restricciones que la sociedad le ha impuesto. Dicho de otro modo, el organismo tiende naturalmente a la salud pero las fuerzas de la represión lo vuelven contra sí mismo. La tarea del terapeuta parece ser la liberación de este núcleo, prisionero de su propia energía distorsionada. La coraza puede disolverse mediante la expresión de las emociones de cuya represión resultó en el pasado. Al "leer" el cuerpo de sus pacientes, el terapeuta psicocorporal hace una hipótesis sobre el origen de sus tensiones musculares crónicas. Acto seguido, los invita o provoca para que expresen las emociones reprimidas de manera que la coraza se disuelva.

Es necesario subrayar que si la persona no se reorganiza de otra manera, ni siquiera este tipo de catarsis asegura el cambio. La energía liberada debe encontrar otra salida, o la persona repetirá una y otra vez la expresión de la misma emoción, asumiendo un papel de víctima y vengador a la vez. Si el cuerpo no se reorganiza, seguirá produciendo la misma emoción. Si no hay un período reflexivo, en el cual elabore el material inconsciente recién emergido, relacionándolo con otras vivencias pasadas y la problemática actual, la sesión terapéutica será un hecho aislado sin mayor trascendencia en la vida del individuo.

Es posible lograr cambios en el cuerpo-mente sin descargas emocionales

Para muchos autores, la catarsis es un subproducto, no siempre deseable, del proceso de desorganización y reorganización del cuerpo. Algunos, al trabajar desde el cuerpo, dentro de la tradición que agrupa las gimnasias suaves y los enfoques derivados de la fisioterapia, sólo por accidente encuentran la catarsis en su trabajo. Otros, como Keleman, cuyos fundamentos teóricos tienen mucho en común con la escuela de Reich, no consideran que la descarga violenta de emociones sea necesaria para lograr el cambio y, en personas con problemas de límites, opina que la catarsis es francamente contraproducente.

La posibilidad de provocar la expresión de las emociones es una alternativa que enriquece los procesos terapéuticos, pero de ningún modo es una panacea ni un ingrediente insustituible de la terapia psicocorporal.

Aspectos verbales y cognitivos de la terapia psicocorporal: los procesos de elaboración

Comunicación y elaboración

Al prescribir diferentes movimientos y posturas, alentar a los pacientes a respirar de modo más natural o pedirles que lo hagan de un modo forzado, al descontracturar músculos mediante el masaje o facilitar la circulación de la energía en el cuerpo y, finalmente, al provocar el surgimiento de emociones, los terapeutas psicocorporales buscan el cambio en sus pacientes. Es posible que, como resultado de estas intervenciones, **las personas se** muevan más armoniosamente, respiren mejor o se **sientan menos** tensas; también es probable que estén en contacto con sus emociones más profundas, pero para hablar de psicoterapia es **necesario explicar** lo que sucede en el plano "mental" (aunque estemos **convencidos de** la unidad funcional del cuerpo-mente). En otras palabras, es **preciso** relacionar lo corporal y emocional con lo cognitivo. Por otra parte, debemos tener una forma de comunicárselo a los pacientes. Hablar de lo que sucede en el plano "mental" cuando se trabaja con el cuerpo, abre al menos dos grupos de interrogantes:

En primer lugar, ¿de qué modo se comunican verbalmente el paciente y el terapeuta en un proceso de terapia psicocorporal? ¿Cómo utilizar las palabras de modo que no sirvan para que paciente y terapeuta eviten entrar en procesos más profundos y significativos? Por otra parte, ¿cómo evitar que el paciente sienta, se mueva, respire, se emocione y, de todas formas, se vaya con la sensación de que se quedó sin decir cosas importantes a su terapeuta, o de que no fue escuchado y comprendido en ese nivel? ¿Qué tan importante es que el paciente "entienda" y se haga consciente de los cambios que suceden a nivel corporal?

En segundo lugar, ¿qué sucede en el plano de las representaciones cuando se trabaja con el cuerpo? ¿Cómo se logra (y cómo se explica) el cambio en términos "mentales"? ¿De qué manera se integran los resultados "corporales" de un proceso terapéutico con los "mentales"? En mi opinión, estos aspectos apenas empiezan a ser tratados con suficiente profundidad y amplitud. Respecto a la falta de integración de lo cognitivo y lo emocional en la psicoterapia, Myron Sharaf [9] lamentó:

> Cuando estuve en terapia con Reich lloraba, pero no sabía por qué. Cuando estuve en psicoanálisis, sabía que tenía muchas razones para llorar, pero no conseguía hacerlo.

La comunicación verbal en la terapia psicocorporal

La terapia psicocorporal no es sólo movimiento, masaje o respiración. El terapeuta debe realizar un conjunto de intervenciones verbales. No es este el lugar para hacer distinciones entre los diferentes tipos de interpretación y los reflejos, confrontaciones, sumarizaciones, etcétera (al respecto, vea Greenson, 1967) que pueden hacerse en un proceso de terapia psicocorporal. Muchos de los terapeutas que conozco tienen conocimientos de terapia centrada en la persona, terapia Gestalt o psicoanálisis, y simplemente "importan" las formas de intervenir verbalmente a un proceso en donde la interacción no verbal es importante. Estas "importaciones" deben ser estudiadas a fondo en el contexto de las escuelas que las originaron para después adaptarlas, si es el caso, a la terapia psicocorporal. El mismo Reich, cansado de analizar, después de hacerle algunas interpretaciones a Myron Sharaf, le dijo:

> Como ves, este trabajo no sólo implica "apachurrar los músculos". No estamos en contra del buen psicoanálisis (Reich, citado por Sharaf, 1983, p. 314).

[9] Comunicación mimeografiada inédita, 1993.

Entonces, hay que saber hacer "buen psicoanálisis", *además* de "apachurrar músculos" y dirigir movimientos. Incluso, es posible que el uso correcto de la palabra sea suficiente para trabajar profundamente con el cuerpo y las emociones, según reconoció Ellsworth Baker (1967, p. 75), el discípulo de Reich a quien éste encomendó la formación de terapeutas, y líder de los reichianos en Estados Unidos a la muerte de su maestro:

> Algunas veces, las emociones pueden liberarse y el bloqueo cede cuando el terapeuta le describe al paciente lo que está expresando o lo que quiere hacer, haciendo que se vea en el espejo o que entienda sus palabras, en lugar de trabajar directamente con su musculatura. Con frecuencia he sentido que si uno supiera suficiente y fuera suficientemente perceptivo, la terapia podría ser llevada por completo de esta manera.

Al hablar así, Baker no hace sino resaltar el valor del análisis del carácter, tal como lo practicó Reich desde mediados de la década de los 20.

El único intento de sistematizar las intervenciones verbales que se hacen en terapia psicocorporal que conozco es el de Castillo (1990), quien habla de diferentes usos de la palabra en la vegetoterapia: la recopilación de datos y la explicación didáctica de la terapia, la intervención terapéutica directa, que incluye la interpretación y la inducción hacia un fin específico, que se refiere a la creación de vínculos para favorecer el maternaje. Este autor indica los usos de las diferentes interpretaciones según el tipo de paciente que se trate.

La elaboración en la terapia psicocorporal

Muchas de las técnicas utilizadas en terapia psicocorporal surgieron de disciplinas que buscaban alivio o bienestar tanto "físico" como "mental", pero pretendían la ampliación de la conciencia. Pero es un hecho que cualquier actividad se puede realizar de modo atento, con el doble fin de realizarla correctamente y conocernos mejor. También es cierto que cualquier estímulo puede dar pie a numerosas asociaciones, así que muchos terapeutas psicocorporales han incorporado técnicas que, en principio, no tenían un objetivo terapéutico y las han adaptado para ese fin. Incluso, entre los terapeutas más ortodoxos hay una dosis de eclecticismo técnico. Además, el énfasis en lo práctico, en detrimento de lo teórico y la sobrevaloración de las emociones y la intuición, que han creado una atmósfera anti-intelectual en muchos círculos, ha hecho que sea particularmente difícil avanzar en el terreno de la teoría de la técnica. Regresar al psicoanálisis del cual se derivó el trabajo de Reich, puede proporcionarnos un marco de referencia para entender lo que sucede a nivel "mental" cuando se trabaja con el cuerpo.

Freud afirmó que una representación inconsciente puede hacerse consciente si se enlaza a una representación verbal. El método de la asociación libre pretende precisamente eso: hacer consciente lo inconsciente. Pero ya desde la década de 1920 Reich advirtió que no todos los paciente asociaban libremente y, si lo hacían, no necesariamente mejoraban.

Cada uno de los procedimientos de la terapia psicocorporal puede dar lugar a que las personas hagan nuevas asociaciones. Las técnicas que utiliza la terapia psicocorporal ayudan a la emergencia de material inconsciente que tal vez hubiera sido inaccesible por medio de la asociación libre tal como se prescribe en el psicoanálisis.

El material inconsciente que aflora está matizado de afectos y puede llenar de significado, energía y color al pasado y presente de las personas, pero puede ser tan doloroso, o simplemente tan intenso, que rebase la capacidad del paciente para asimilarlo y contenerlo. En esos casos, puede desorganizar y enfermar.

De nuevo, es necesario subrayar que es posible que se recuperen recuerdos, pero por estos procedimientos también surgen fantasías inconscientes, de modo que no podemos estar seguros de que los pacientes recuerdan hechos que realmente sucedieron. En este primer nivel, aflora material inconsciente y el paciente se pone en contacto con sus sentimientos. Sin embargo, esto puede no ser suficiente. Los pacientes pueden ser capaces de hablar de ciertos eventos de su vida pasada, incluso relacionándolos con su vida actual, y entrando en contacto con las emociones profundas relacionadas con estos sucesos y, de cualquier manera, seguir sin lograr el cambio que anhelan. Gendlin (1978) y Keleman (1989) han criticado a las terapias corporales en tanto se conforman con llegar a ese nivel y consiguen que los pacientes entren en círculos viciosos de *insights* y recuerdos dolorosos.

Gendlin (1978) ha insistido en que el cambio sólo se logra si la persona hace contacto con un tipo particular de consciencia corporal, a la cual llama "sensación sentida" (*felt sense*), que es la sensación, al principio difusa, que se experimenta en el cuerpo frente a determinado problema o situación. Si esa sensación se asocia con una palabra, las personas sienten un cambio en el cuerpo, lo que experimentan como placentero e implica una ampliación de la conciencia.

Keleman (1989) adopta una posición parecida cuando afirma que pretende que sus pacientes no sólo recuerden los eventos, sino que sean conscientes de los aspectos físicos de los eventos, tal como se registran en la memoria motora. A partir de esta memoria motora, Keleman les pide a sus pacientes que exageren sus patrones de tensión. Al hacerlo, las personas se dan cuenta de que las diferentes posturas que tienen ante la vida, con sus variantes de mayor o menor tensión, están asociadas a distintas imágenes, sentimientos, ideas, etcétera. No es suficiente hablar de las asociaciones que surgen o descargar las emociones que se presentan. Es necesario que las personas aprendan a organizar y desorganizar sus patrones de tensión.

El cambio es una reorganización que implica relacionar un sistema de representación con otro. Esto puede lograrse simplemente, si algo inconsciente se hace consciente. En otros casos no es así. De hecho, diferentes sistemas de representaciones pueden ser relativamente conscientes, pero no estar conectados entre sí, o bien pueden ser inconscientes. Una condición del cambio sería que un sistema de representación se conectara con otro.

En otras palabras, si le ponemos un nombre a una sensación, si relacionamos un sistema de representación verbal (el lenguaje) con un sistema de representación kinestésico (las sensaciones, a menudo difusas, que provienen del propio cuerpo) conseguiremos hacerlas conscientes.

Bibliografía

Abraham, K., *Psicoanálisis clínico*, Trad. castellana de Selected Papers Hormé, Buenos Aires, 1927.

Aikin, P., Muscle and Personality I: Properties of muscle, en: *The Journal of Biological experience*, Vol. 2, Núm. 2, 1980.

Alemany, J., "Consideraciones en torno a la transferencia y la contratransferencia", en: *Energía, Carácter y sociedad*, Vol. 5, Núms. 1 y 2, 1987.

Alexander, F. M., *La resurrección del cuerpo*, Trad. J. Balderrama, Editorial estaciones, Buenos Aires, 1969.

Alexander, Gerda, *La Eutonía. Un camino hacia la experiencia total del cuerpo*, Trad. del alemán: L. Spilzinger, Paidós, Barcelona, 1983.

Back, K., *Beyond Words. The Story of Sensitivity Training and the Enconunter Movement*, Pelican Books, Estados Unidos, 1973.

Baker, E., *Man in the Trap. The causes of Blocked Sexual Energy*, Discus Books/published by Avon, 1a. edición, Estados Unidos, 1974.

Baker, E., "Mis once años con Wilhelm Reich", en: *Revista de Ciencias Orgonómicas*, Barcelona, España 1989.

Blades, D., *Spiritual Healing. The Power of the gentle touch*, Weatherby Woolnough, Wellingborough, Norhamptonshire, Gran Bretaña, 1979.

Blatner, H., *Acting-In. Practical Applications of Psychodramatic Methods*, Springer Publishing Co., Nueva York, 1973.

Boadella, D., *Wilhelm Reich. The Evolution of his Work*, Dell Publishing Co., Nueva York, 1975.

Boadella, D., *Lifestreams. An introduction to biosynthesis*, Rutledge and Kegan Paul, Nueva York, 1987.

Boyensen, Monna Lisa, "The startle reflex pattern & organic equilibrium", en: *Energy and character*, Vol. 9, Núm. 2, 1978, reimpreso en: *Biodynamic psychology collected papers*, Vols. 1 y 2, Londres, 1980.

Boyensen, Gerde, et. al., *Bio-dynamic psychology collected papers*, Vols. 1 y 2, Biodynamic Psychology Publications, Londres, 1980.

Brennan, Barbara Ann, *Hands of light. A guide to healing through the human energy field*, Bantam Books, Nueva York, 1988.
Breuer, J. y Freud, S., L. López-Ballesteros (Trad.), *La histeria*, en *Obras completas*, Vol. I, Biblioteca Nueva, Madrid, 1967.
Campbell, J., *The masks of god: oriental mythology*, reimpreso por Penguin Books, Middlessex, Inglaterra, 1985.
Canetti, E., H. Vogel (Trad.), *Masa y poder*, Alianza-Muchnik 1a. reimpresión, Madrid, 1987.
Cappon, J., *El movimiento de encuentro en psicoterapia de grupo*, Trillas, México, 1978.
Castillo, J., "El uso de la palabra en la vegetoterapia", en: *Energía, Carácter y Sociedad*, Vol. 8 (1) Núm. 13, 1990.
Cirlot, J. E., J. Sage (Trad.del español al inglés), *A dictionary of symbols*, Rutledge y Kegan Paul, Londres, 1962.
Copland, A., J. Bal (Trad.), *Cómo escuchar la música*, Fondo de Cultura Económica, 6a. reimpresión, México, 1980.
Drake, J., *Postura sana*, Trad. P. Shelly, Ediciones Roca, México, 1992.
Dychtwald, K., *Cuerpo-mente*, Trad. L. Tejada, Lasser Press, 7a. edición, México, 1983.
Elson, Miriam (Comp.), L. Justo (Trad.), *Los seminarios de Heinz Kohut sobre psicología del sí-mismo y psicoterapia con adolescentes y adultos jóvenes*, Paidós, Buenos Aires, 1990.
Feldenkrais, M., "*Awareness through movement*", en *The 1975 Annual for Group Facilitators*, University Associates Publishers Inc. San Diego, Estados Unidos, 1975.
Feldenkrais, F., *Awareness through movement. Health exercises for personal growth*, Harper & Row, Nueva York, 1977.
Fenichel, O., M. Carlisky (Trad.), *Teoría psicoanalítica de las neurosis*, Paidós, 2a. reimpresión, Barcelona, 1984.
Ferenczi, S., "Dificultades técnicas en el análisis de una histeria", en *Contribuciones al psicoanálisis*, Paidós, Buenos Aires, 1966.
Ferenczi, S., "Los nuevos adelantos de la técnica activa en el Psicoanálisis", en *Contribuciones al psicoanálisis*, Paidós, Buenos Aires, 1966.
Ferenczi, S., "Contraindicaciones a la técnica psicoanalítica activa", en *Contribuciones al psicoanálisis*, Paidós, Buenos Aires, 1966.
Ferenczi, S., Alemán. M. Carlisky (Trad.), "Problemas actuales del psicoanálisis" en *Problemas y métodos del psicoanálisis*, Hormé, Buenos Aires, 1966.
Ferenczi, S. y Rank, O., C. Newton (Trad.), *The Development of psycho-analysis*, Dover publications, Nueva York, 1956.
Freud, S., "*La neurastenia y la neurosis de angustia*", en *Obras Completas*, Vol. I, Biblioteca Nueva, Madrid, 1967.

Freud, S., L. López-Ballesteros (Trad.), *El Método psicoanalítico de Freud*, en *Obras Completas*, Vol. II, 1904, p. 393.

Freud, S., *Una teoría sexual* (la traducción castellana de L. López-Ballesteros es de una versión posterior), en *Obras Completas*, Vol. I, Biblioteca Nueva, Madrid, 1967.

Freud, S., L. López-Ballesteros (Trad.), *La organización genital infantil*, en *Obras Completas*. Vol. I, Biblioteca Nueva, Madrid, 1967.

Freud, S. (1908) *El carácter y el erotismo anal*. Trad. de L. López-Ballesteros en *Obras Completas*. Vol. I, Biblioteca Nueva, Madrid, 1967.

, El Yo y el Ello, en *Obras Completas*, Vol. II, Biblioteca Nueva, Madrid, 1967.

Freud, S., R. Rey Ardid (Trad.), *El malestar en la cultura*, en *Obras completas*, Vol. III, Biblioteca Nueva, Madrid, 1968.

Freud, S., R. Rey Ardid (Trad.), *Análisis terminable e interminable*, en *Obras completas*, Vol. III, Biblioteca Nueva, Madrid, 1968.

Freud-Groddeck, *Correspondencia*, Trad. del alemán, Editorial Anagrama, Barcelona, 1977.

Garriga, J., *El sacerdote, la prostituta, el científico y el gurú como metáforas sobre la figura del terapeuta*, Trabajo presentado en el Tercer Congreso Internacional de Terapias Psico-corporales, celebrado en Castelldefels, Barcelona, España, 1993.

Gay, P., Piatigorsky, J. (Trad.), *Freud, Una vida de nuestro tiempo*, Paidós, Buenos Aires, 1989.

Gedo, J. y Goldberg, A., L. Wolfson (Trad.), *Modelos de la mente*, Amorrortu, Buenos Aires, 1980.

Gill, M. y Rapaport, D., A. Gaitán (Trad.), *Aportaciones a la teoría y técnica psicoanalítica*, Editorial Pax-México, Librería Carlos Cesarman, México, 1962.

Gleick, J., *Chaos. Making a new science*, Penguin Books, Nueva York, 1987.

Goffman, E., *The Presentation of self in everyday life*, Penguin Books Ltd. Middlessex, Inglaterra, 1980.

Grand, I., "Of tissue states and thermostats: clinical experiences", en: *The journal of somatic experience*, Vol. 4, Núm. 2, 1982.

Grawitz, Madeleine, Enrique Nuñez (Trad.), "*Métodos y técnicas de las ciencias sociales*", Vol. I, Ed. Hispano-europea, Barcelona, 1975.

Grinder, J. y R. Bandler, F. Huneeus (Trad.), *De sapos a príncipes*, Editorial Cuatro vientos, Chile, 1982.

Groddeck, G., H. Acevedo (Trad.), *Las primeras 32 conferencias psicoanalíticas para enfermos*, Paidós, Buenos Aires, 1983.

Groddeck, G., V. Rodríguez (Trad.), *El libro del Ello*, Editorial Taurus, 2a. edición, Madrid, 1981.

Grossman, C. M. y Grossman, S., J. Campos (Trad.), *El psicoanalista profano*, Fondo de Cultura Económica, 1a. reimpresión, México, 1974.

Guasch, G., "La vegetoterapia caracteroanalítica", en: *Energía, carácter y sociedad*, Vol. 1, Núm. 1, Valencia, España, mayo 1993.

Gunther, B., *Sensory awareness below your mind*, Collier, Nueva York, 1968.

Hartmann, H., M. de la Escalera (Trad.), Comentarios sobre la teoría psicoanalítica del Yo, *En Ensayos sobre la psicología del Yo*, Fondo de Cultura Económica, México, 1969.

Hartmann, H., y M. de la Escalera (Trad.), "Implicaciones técnicas de la psicología del yo", en *Ensayos sobre la psicología del Yo*. Fondo de Cultura Económica, México, 1969.

Heidegger, M., J. Gaos (Trad.), *El Ser y el tiempo*, 1a. edición, Fondo de Cultura Económica, México, 1968.

Humphrey, Doris, *La composición en la danza*, UNAM, Colección Danza, México, 1981.

International Shen Therapy Association, *Information on emotions, your body and Shen therapy*, Folleto informativo, Edmonds, Washington, 1992.

Janov, A., *The primal scream*, Dell Publishing Co., 4a. edición, Nueva York, 1974.

Janov, A., *The primal revolution*, Abacus edition, Sphere Books Ltd. Londres, 1975.

Janov, A., *The feeling child*, Abacus Edition, Sphere Books Ltd. Londres, 1977.

Janov, A., M. Holden, B. Campbell y B. McInerny, *primal man: the new conciousness*, Abacus Edition, Sphere Books, Ltd. Londres, 1977.

Johnson, S., *Characterological transformation. The hard work miracle*, W. W. Norton & Company, Nueva York, 1985.

Johnson, S., *Humanizing the narcissistic Style*, W. W. Norton & Company, Nueva York, 1987.

Johnson, S., *The symbiotic character*, W. W. Norton & Company. Nueva York, 1991.

Jones, E., y M. Carlisky y J. Cano (Trads.), *La vida y obra de Sigmund Freud*, Edición abreviada a cargo de L. Trilling y S Marcus, 2a. edición, Editorial Anagrama Barcelona, 1981.

Jones, F. P, T*he Alexander Technique. Body Awareness in Action*, Shocken Books, Nueva York, 1976.

Jung, C. J. y R. Wilhelm, y R. Roberto Pope (Trad.), *El secreto de la flor de oro*, Paidós, 2a. edición, México, 1986.

Keleman, S., *The human ground. Sexuality, self and survival*, Center Press, Berkeley, California, 1975.

Keleman, S., *Somatic reality. Bodily experience and emotional truth*, Center Press, Berkeley, California, 1979.

Keleman, S., *Your body speaks its mind*, Center Press, Berkeley, California, 1981.

Keleman, S., "The role of the body in thinking and feeling", en: *Journal of somatic experience*, Vol. 4, Núm. 2, Primavera-verano, 1982.

Keleman, S., *In defense of heterosexuality*, Center Press, Berkeley, California, 1982b.

Keleman, S., *Emotional anatomy*, Center Press, Berkeley, California, 1984.

Keleman, S., *Bonding. A somatic-emotional approach to transference*, Center Press, Berkeley California, 1987.

Keleman, S., *Patterns of distress. emotional insults and human form*, Center Press, Berkeley, California, 1989.

Kernberg, O., y J. A. Suárez (Trad.), "Self, yo, afecto y pulsiones", en *Trastornos graves de la personalidad*, Editorial El Manual Moderno, México, 1987.

Kirch, K., *The role of affect expression and defense in character*, Artículo mimeografiado, 17 p. 1973.

Knapp, M., y M. A. Galmarini (Trad.), *La comunicación no verbal*, Paidós, Barcelona, 1982.

Kurz, R, y H. Prestera, *The body reveals*, Harper Row/Quicksilver Books, Nueva York, 1976.

Kurz, R., *Body centered psychotherapy. The Hakomi method*, Lyferythm Publications, Mendocino, California, 1990.

Lafarga, J., "Antecedentes del Enfoque centrado en la persona en México", en Lafarga, J. y J. Gómez del Campo, *Desarrollo del potencial humano*, Vol. 3, Trillas, México, 1986.

Le Bon, G., *Psicología de las masas*, Morata, Madrid, 2a. edición, 1986.

L-Heritage Reichien, Instituto Wilhelm Reich, Escuela Reichiana de París, Memorias del Coloquio sobre la herencia reichiana, celebrado en París, junio de 1991.

Leites, A. *The modifiers: an additional approach to caracterology*. Institute for the New Age of Man, Nueva York, 1977.

Leites, A. *Countertransference: a characterological approach*. Pathwork Press, Nueva York, 1979.

Leites, A. "Psychopathy, parte I, en: *Energy and consciousness. International Journal of Core Energetics*, Vol. I, Núm. 1, 1991.

Lewis, R. "A developmental view of bioenergetic therapy" en: *Energy and Character*, Vol. 5, Núm. 3, 1973.

Lewis, R. *Cephalic shock as a variant of the false self personality: a somatic link to the prematurity of self*. Artículo mimeografiado, 1980.

Libro de comunicantes. Tercer Congreso Internacional de Terapia Psicocorporal, Castelldefels (Barcelona), 1993.

Lidell, Lucy *The sensual body. The ultimate guide to body awareness and self-fullfilment*, Unwin Paperbacks, Londres, 1987.

Lowen, A. *The language of the body*, Collier Books, Nueva York, 8a. edición, 1977.

Lowen, A. *Love and Orgasm*, Collier books, 4a. edición, 1977.

Lowen, A. *The betrayal of the body*, Collier Books, Nueva York, 11a. edición, 1978.

Lowen, A. *Pleasure*. Penguin Books, Middlesex, Inglaterra, 1980.

Lowen, A. y T. Avellanosa, (Trad.) *La depresión y el cuerpo*. Alianza editorial Madrid, 2a. edición, 1984.

Lowen, A. *Bioenergetics*, Penguin Books, Middlessex, Inglaterra, 1978.
Lowen, A. *Fear of life*, MacMillan Publishing Co., Nueva York, 1980.
Lowen, A. *Narcissim. Denial of the true self,* Collier Books, Nueva York, 1985.
Lowen, A. E. Serra (Trad.), *El amor, el sexo y la salud del corazón*, Ed. Herder, Barcelona, 1990.
Lowen, A., G. Vitale (Trad.), *La espiritualidad del cuerpo*, Paidós, Barcelona, 1993.
Lowen, A. y Leslie Lowen, "The way to vibrant health", en: *A manual of bioenergetic exercises*, Harper & Row, Nueva York, 1977.
Lowry, T., "Hyperventilation and Hypoventilation", en: *The journal of biological experience*, Vol. 2, num. 2, 1980.
MacKinnon, R. y R. Michels, *Psiquiatría clínica aplicada*, Trad. C. G. Ottenwaelder, Librería interamericana, México, 1973.
Meisel E. y Volpin N. (Trad.), Introducción al libro *La resurrección del cuerpo. Selección de textos de F. M. Alexander de E. Meisel*, Editorial estaciones, Buenos Aires, 1986.
Moreno, J. L. y Suárez, A. (Trad.), *Psicoterapia de grupo y psicodrama*, Fondo de Cultura Económica, México, 1966.
Moreno, J. L. y Warner, D. (Trad.), *Psicodrama*, Hormé, Buenos Aires, 4a. edición, 1978.
Navarro, F. "La función muscular en la abreacción terapéutica", en: *Energía, carácter y sociedad* Vol. I (1) Valencia, España, 1983.
Navarro, F. *Somatosicodinámica*. Trad. del italiano J. Ferrando y J. Bellido, Editorial Orgón, Madrid, 1988.
Navarro, F. "La vegetoterapia caracteroanalítica", en: *Energía, carácter y Sociedad*, Vol 8 (1) Núm. 13, España, 1990.
Navarro, F. "¿Por qué la bioenergética no es una terapia reichiana?", en: *Energía carácter y sociedad*, Vol. 9 (2) Noviembre-mayo 1991.
Navarro, F. *Somatopsicodinámica das biopatias*. Trad. del italiano al portugués de M. E. Araujo, Dumará distribuidora de publicacoes, Ltda, Río de Janeiro, 1991.
Navarro, F., *Metodología de la vegetoterapia caracteroanalítica*, Trad. del Italiano M. Sánchez Pinuaga, Publicaciones Orgón, Valencia, España, 1993.
Navarro, R. *Psicoenergética*, Editorial Limusa, México, 1984.
Neil, A. S., "The Man Reich", en: Boadella *Wilhelm Reich. The evolution of his work*, Dell Publishing Co. Nueva York, 1975.
Ollendorf, I., *Wilhelm Reich. La vida de un heterodoxo*, Editorial Gedisa, México, 1988.
Ogden, P., "Hands-on Psychotherapy", en: *Hakomi integrative somatics. A compilation of articles by Pat Ogden*, Boulder Colorado, 1996.
Ortiz, F., "El menú psico-corporal", en: *Páginauno*, suplemento dominical del diario *unomásuno*, México, 11 de junio de 1989.
Ortiz, F. Editorial., *Revista Intercontinental de psicología y educación*, Vol. 5, Núm. 2, 1992a.

Ortiz, F. "El contacto físico en la psicoterapia", en: *Revista Intercontinental de psicología y educación*, Vol. 5, Num. 2, 1992*b*.

Ortiz, F. "La catarsis en la terapia psico-corporal", en: *Revista Intercontinental de psicología y educación*. Vol. 5, Núm. 2, 1992*c*.

Ortiz, F. *El papel del terapeuta respecto a la descarga emocional según tres diferentes modelos teóricos*. Trabajo inédito, presentado el 1 de mayo de 1993 en el Tercer Congreso Internacional de Terapias Psicocorporales, celebrado en Castelldefels (Barcelona, España), 1993.

Ortiz, F. "Pasado, presente y futuro de la terapia psicocorporal en México", en: Oblitas, L. (editor) *I Simposio de Terapia Psicocorporal y Desarrollo Humano*, Editado por la Universidad Intercontinental, 1993.

Painter, J., *Integración Postural*, Ed. Pax-México, Librería Carlos Césarman, S. A. México, 1987.

Painter, J. *Technical manual of deep wholistic bodywork. Postural integration*. Bodymind Books, Mill Valley, California, E.U.A., 1987.

Paoli, J. L. "El análisis psicocorporal: exploración del arquetipo a través del cuerpo", en: Oblitas, L. (editor) *I Simposio de Terapia Psicocorporal y Desarrollo Humano*, editado por la Universidad Intercontinental, 1993.

Perls, F. *Gestalt therapy verbatim*, Bantam books, Nueva York, 1974.

Perls, F. *In and out the garbage pail*, Bantam edition, Nueva York, 7a. edición, 1972.

Pierrakos, J. "The agresive female", artículo mimeografiado, (12 pp.). Apareció en *Energy and Character* en 1974, y en una versión modificada en el capítulo XI de Core-energetics.

Pierrakos, J. *Core-energetics*, LyfeRythm Publication, Mendocino, California E.U.A., 1987.

Raknes, O. y Paniagua, M., et. al. (Trad.) *Wilhelm Reich y la orgonomía*, Publicaciones Orgón, Valencia, España, 1990.

Reich, W., "The impulsive character: a psychoanalytic study of ego pathology", en: *Early Writings*, Vol. I, Farrar, Straus and Giroux, Nueva York, 1973.

Reich, W.; Boyd Higgins, M. y Raphael, C. (comps.), *Pasión de juventud. Una autobiografía, 1897-1922*. Paidós, Barcelona, 1990.

Reich, W. y Suárez, F. (Trad.), *La función del orgasmo*, Paidós, México, 1990. [No se indica cuál edición se tradujo. Lo más probable es que esta versión castellana sea de la segunda edición de *The discovery of the Orgone*, Vol. I: *The function of the orgasm*].

Reich, W. Mendilharzu, N. (Trad.), *La biopatía del cáncer*, Nueva visión, Buenos Aires, 1985.

Reich, W. y V. Carfagno (Trad.), *Character analysis*, 3a. edición, Pocket Books, Nueva York, 1967.

Reich, W. *Reich speaks of Freud*, Farrar, Straus and Giroux, Nueva York, 2a. edición, 1974.

Rinaldi, R. *Transformazione dei tratti carattierali in sintomi,* Annali I. Escuela Europea de Formación en Psicoterapia Funcional y Corporal, Italia, 1991.

Rispoli, L. *Integrazione, mobilita e difunzione nelle relazioni primarie: metodologie de psicoterapia corporea,* Annali I, Escuela de Formación en Psicoterapia Funcional y Corporal, Edizioni Sintesi, Italia, 1990.

Rispoli, L., "Avances y perspectivas de la Psicoterapia corporal", en: *Revista Intercontinental de Psicología y educación,* Vol. 5, Núm. 2, 1992.

Rispoli, L. *Psicologia Funzionale del Sé. Organizacione, sviluppo e patologia dei processi psicocororei,* Casa Editrice Astrolabio, Roma, 1993.

Rispoli, L. y Barbara Andriello, *Psicoterapia corporea e analisis del carattere.* Bollati Boringhieri, Torino, Italia, 1988.

Rolf, Ida. *Rolfing. The integration of human structures,* Harper & Row, Nueva York, 1977.

Ruitenbeek, H., *The new group therapies.* Avon Books, Nueva York, 1970.

Sarant, G. "Beginning to read Bodies", en: *Energy and Conciousness,* Vol. 2, Núm. 1, 1992.

Sandler, J., Ch. Dare y A. Holder; Hernández M. y Fink, K. (trads.), *El paciente y el analista. El marco teórico del psicoanálisis,* Paidós, Buenos Aires, 1973.

Serrano X. y J. Castillo, "La capacidad de contacto en las estructuras de carácter", en: *Energía, carácter y sociedad,* Vol. 9 (1) Núm. 15, 1991.

Serrano, X. "Abreacción neuromuscular *vs.* catarsis histeriforme", en: *Energía, carácter y sociedad,* Vol 2. Núm. 1, Valencia, España, 1984.

Serrano, X., "El diagnóstico inicial-diferencial en la orgónterapia desde una perspectiva post-reichiana", en: *Energía, carácter y sociedad,* Vol. 8 (2) Núm. 14, 1990.

Serrano, X., "El empleo de la Vegetoterapia Caracteroanalítica de grupo en la comunidad ES.TE.R.", en: *Revista Intercontinental de Psicología y educación,* Vol. 5 Núm. 2, 1992.

Sharaf, M. *Fury on Earth: A Biography of Wilhelm Reich.* St. Martins Press/Marek, Nueva York, 1983.

Shepard, M., *Fritz. An intimate portrait of fritz perls and Gestalt Therapy.* Bantam Books, Nueva York, 1976.

Schott-Billman, France, *Fonction et Role du danse-therapeute.* Trabajo presentado el 1 de mayo en el Tercer Congreso Internacional de Terapia Psico-corporal, en Castelldefels, Barcelona, 1993.

Schneider, D., A. Hastorf y Phoebe Ellsworth *Person Perception,* 2a. edición, Addison-Wesley Publishing Company, Reading, Massachusetts E.U.A., 1979.

Shutz, W. C., *Joy. Expanding human awareness,* Grove Press, Nueva York, 1969.

Shutz, W.; Wolfson, L. (Trad.), *Todos somos uno,* Amorrortu, Buenos Aires, 1973.

Shutz, W. *Profound simplicity,* Bantam Books, Nueva York, 1979.

Sinelnikoff, C. y A. Garzón, (Trad.), *La obra de Wilhelm Reich,* Siglo XXI, México, 1971.

Speads, Carola *Ways to better breathing,* Felix Morrow, publisher, Great Neck, Nueva York, 1986.

Stevens, J. y F. Hunneus (Trad.), Prólogo al libro *De sapos a príncipes*, de Grinder y Bandler, Editorial Cuatro vientos, Chile, 1982, p.9.

Tansley, D. *Subtle Body. Essence and Shadow.* Thames and Hudson, Londres, 1977.

Tart, C. "Ciencia, estados de conciencia y experiencias espirituales: la necesidad de ciencias específicas de estado", en Tart, C. *Psicologías Transpersonales*, T. I, Paidós, Buenos Aires, 1979.

Tellez, F. "Eva Reich: una entrevista personal" (realizada en noviembre de 1983), en: *Energía Carácter y Sociedad*, Vol. 8 (1), Mayo-Nov., 1990.

Thompson, C. y E. de Gortari (Trad.), *El psicoanálisis*, Fondo de Cultura Económica, México, cuarta reimpresión, 1983.

Trager, M. y Cathy Guadagno, *Trager mentastics. Movement as a way to agelessness*, Station Hill Press, Nueva York, 1987.

Urquizu, J. y Pilar Arias, "El análisis bioenergético y la vegetoterapia caracteroanalítica. Dos caminos diferentes", en: *Energía, Carácter y sociedad*, Vol. 8 (1) Núm. 13, 1990.

Waal, Nick, *On Wilhelm Reich*, en Boadella, *Wilhelm Reich. The evolution of his work*, Dell Publishings Co., Nueva York, 1975, p. 378-379.

Walker, B., *Body magic. An enciclopedia of esoteric man*, Granada Publishing Limited, Paladin Books, Londres, 1977.

Esta obra se terminó de imprimir
en octubre de 2015, en los Talleres de

IREMA, S.A. de C.V.
Oculistas No. 43, Col. Sifón
09400, Iztapalapa, D.F.